KB168133

젯팩 컴포즈로 개발하는

안드로이드 UI

젯팩 컴포즈로 개발하는
안드로이드 UI

강경구 **옮김**   **토마스 쿠네스** 지음

i!i
에이콘

에이콘출판의 기틀을 마련하신 故 정완재 선생님 (1935-2004)

사랑하는 아내 모니에게. 당신은 제 인생의 등불입니다.

안드로이드 생태계를 주도하며 영감과 통찰력을 주고 지원해주는
안드로이드 개발자 커뮤니티와 친구들, 나를 지지해 주신 분들
그리고 이 책에 기여하고 도움 주신 고마운 분들에게 감사 인사드립니다.

– 토마스 쿠네스

| 옮긴이 소개 |

강경구(rudrn85@gmail.com)

모바일 개발자로 일하고 있으며 새로운 기술이나 언어에 관심이 많다. 여러 패러
다임을 실무에 적용하고자 노력하고 있으며, 다른 이들과 지식을 교류하고자 노력
한다.

최근 모바일 프로그래밍의 가장 뜨거운 주제를 고르라면 단연 선언적 UI라고 할 수 있다. 구글은 플러터를 통해 선언적 UI를 선보이는 데 그치지 않고 2021년 안드로이드 네이티브 UI 개발이 가능한 선언적 UI 프레임워크인 젯팩 컴포즈^{Jetpack} Compose를 출시했다. 젯팩 컴포즈는 출시 이후 빠르게 성장하고 있으며 안드로이드뿐만 아니라 데스크탑, 웹은 물론 iOS 앱 개발에도 젯팩 컴포즈를 사용하는 것을 목표로 하고 있다. 이를 통해 안드로이드 개발자는 모바일 애플리케이션 개발뿐만 아니라 다른 플랫폼에서도 동일한 환경을 사용해 GUI 애플리케이션을 개발할 수 있게 될 것이다.

이 책은 젯팩 컴포즈를 처음 접하거나 빠르게 익히고자 하는 개발자를 위한 책이다. 저자는 프레임워크가 지원하는 여러 UI 컴포넌트를 소개하는 데서 그치지 않고 젯팩 컴포즈의 동작 원리는 물론, 실무에서 컴포즈를 어떻게 적용할 수 있는지, 기존 View 기반의 애플리케이션에 컴포즈를 어떻게 적용할 수 있는지도 설명하고 있다. 이를 통해 단순히 책을 읽는 데 그치지 않고 바로 실무에서 적용할 수 있게 도와준다.

저자는 빠르게 발전하는 젯팩 컴포즈 버전에 맞춰 예제를 꾸준히 업데이트하면서 독자에게 최신 정보를 주고자 노력하고 있다. 원서의 예제는 컴포즈 1.0.5 버전을 기준으로 작성됐으나 번역 과정에서 저자는 1.2.1 버전까지 업데이트했다. 이 한국어판은 저자가 작성한 가장 최신 버전인 1.2.1을 적용했고, 사용하는 라이브러리나 안드로이드 스튜디오 버전 역시 최신 버전을 사용해 독자로 하여금 최신 환경에서도 원활하게 예제를 따라 할 수 있도록 했다. 최신 버전에서 예제를 작성하다 막히는 부분이 있다면 책에 있는 깃허브 링크를 확인해 최신 버전의 코드를 참고할 것을 추천한다. 유튜브^{YouTube} 채널 'Code In Action'(https://www.youtube.com/playlist?list=PLeLcv

rwLe185fVqoeU–TOSDBeNgPk7ltj)의 영상도 함께 참고하면 도움이 될 것이다.

이 책을 번역해 소개할 수 있도록 지원해주신 에이콘 관계자 여러분께 이 이 자리를 빌려 감사하다는 말씀을 드리고 싶다. 그리고 번역 작업을 할 수 있게 물심양면으로 지원해준 아내와 아이들에게도 감사하다는 말을 전하고 싶다.

| 지은이 소개 |

토마스 쿠네스^{Thomas Künneth}

안드로이드 GDE^{Google Developer Expert}며 안드로이드와 관련해 여러 국제 콘퍼런스에서 연사와 토론자로 활동해왔다. 첫 번째 안드로이드 앱은 2010년에 출시됐으며 100,000건의 다운로드 수를 기록했다. 현재 MATHEMA GmbH에서 수석 컨설턴트이자 모바일 책임자로 근무하고 있으며 소프트웨어 아키텍처와 안드로이드 개발자로서 경험을 쌓아가고 있다. 수많은 글을 기고해왔을 뿐만 아니라 독일에서 가장 많이 팔린 안드로이드 책(현재 6판)의 저자이기도 하다. 또한 다양한 오픈소스 프로젝트에도 자주 기여해왔다.

| 기술 감수자 소개 |

폴 블런델^{Paul Blundell}

뛰어난 안드로이드 개발자로 12년의 안드로이드 경력 동안 수백 개의 앱에 대해 디자인과 프로그래밍, 엔지니어링, 설계와 테스트 및 출시까지 이뤄냈으며, 다운로드 횟수는 수억 회에 달한다. 트위터, M-KOPA, Novoda, AutoTrader, Thales UK 와 같은 유명한 회사에서 일했다. 또한 안드로이드 테스트 도서인 『Learning Android Application Testing』(Packt, 2015)의 저자이며 유명 GDE^{Google Developer Expert}이자 블로거이기도 하다. 트위터 아이디는 @blundell_apps다.

미쉘 웡 호^{Mitchell Wong Ho}

남아프리카 공화국 요하네스버그에서 태어났으며, 그곳에서 전기 공학 국제 졸업장을 받았다. 임베디드 시스템으로 소프트웨어 개발자로서의 경력을 시작했으며, 그후 마이크로소프트 데스크탑/서버 애플리케이션으로 옮겼다. 2000년부터 자바로 J2ME, JEE, 데스크탑, 안드로이드 애플리케이션을 개발해왔으며, 최근에는 리액트 네이티브와 플러터를 사용해 크로스플랫폼 모바일 앱을 개발하고 있다.

| 동료 감수자 소개 |

이 책의 감수에 도움을 주신 다른 분들은 다음과 같다.

- Can Yumusak

- Jomar Tigcal

- Yev Kanivets

- Guilherme Delgado

- Adit Lal

| 차례 |

1부   젯팩 컴포즈 기본 요소

01장 컴포즈 앱 첫 빌드   27

2부 사용자 인터페이스 만들기

3부 고급 주제

| 들어가며 |

젯팩 컴포즈^{Jetpack Compose}는 빠르고 아름다우며 신뢰할 수 있는 네이티브 사용자 인 터페이스를 개발하기 위한 안드로이드의 새로운 프레임워크다. 선언적 접근 방식을 사용해 안드로이드 UI 개발을 단순화했을 뿐만 아니라 UI 개발 속도도 크게 개선시 켰다. 젯팩 컴포즈를 실습하거나 안드로이드 애플리케이션을 개발하는 최신 방식을 적용하고자 하는 개발자에게 도움이 될 것이다. 이 책은 안드로이드 개발에 대한 기본서가 아니며 안드로이드 앱을 어떻게 개발하는지는 여러분의 지식에 달렸다.

여러분은 실습 가능한 튜토리얼과 프로젝트가 완벽히 준비돼 있는 따라 하기 쉬운 가이드를 통해 상태 호이스팅, 단방향 데이터 흐름, 상속보다 컴포지션을 활용하는 방법 같은 최신 젯팩 컴포지션의 핵심 개념을 익힐 수 있다. 또한 컴포즈를 사용해 자신만의 안드로이드 앱을 개발하는 데도 도움이 될 것이다. 테스트와 애니메이션, 기존 안드로이드 UI 툴킷과의 상호 운용 같은 개념도 다룬다.

책을 끝내고 나면 젯팩 컴포즈를 사용해 자신만의 안드로이드 앱을 작성할 수 있을 것이다.

∺ 이 책의 대상 독자

새로운 젯팩 컴포즈 프레임워크의 핵심 개념과 네이티브 개발의 장점을 이해하고자 하는 모든 모바일 개발자를 대상으로 한다. 코틀린 프로그래밍 언어에 대한 지식을 포함해 안드로이드 앱 개발에 대한 확실한 이해가 있다면 더욱 유익할 것이다. 책에 서 다루는 개념을 효과적으로 이해하려면 기본적인 프로그래밍 지식이 필요하다.

⠿ 이 책의 구성

1장, 컴포즈 앱 첫 빌드에서는 여러분의 첫 번째 컴포즈 앱을 빌드하는 방법을 보여준다. 또한 컴포저블 함수와 미리 보기 같은 중요한 핵심 개념도 소개한다. 초반 성공을 통해 의지를 계속 북돋아주는 것이 중요하기 때문에 세부 사항으로 깊게 들어가기 전에 빌드와 미리 보기, 컴포저블 함수를 실행해본다.

2장, 선언적 패러다임 이해에서는 선언적 방식을 사용하기 전의 방식을 설명하고 오래된 접근 방식에서 오는 문제는 무엇인지 설명한다. 또한 컴포저블이 뷰와 어떻게 다른지, 컴포저블과 뷰 모두 중요하고 유용한 이유도 살펴본다.

3장, 컴포즈 핵심 원칙 자세히 알아보기에서는 젯팩 컴포즈가 의존하는 핵심 원칙을 소개한다. 이 내용은 잘 동작하는 컴포즈 앱을 작성하는 데 꼭 필요하다.

4장, UI 요소 배치에서는 제공되는 레이아웃 일부를 소개한다. 또한 커스텀 레이아웃을 구현하는 방법도 살펴본다. 내장된 레이아웃이 화면에 나타날 UI 요소의 요구 사항을 충족시키지 못할 경우 커스텀 레이아웃이 필요하다.

5장, 컴포저블 함수 상태 관리에서는 젯팩 컴포즈가 상태를 어떻게 관리하는지 살펴본다. 상태는 시간이 흐름에 따라 변할 수 있는 앱 데이터이며 컴포저블 함수는 상태를 출력하거나 변경한다. 젯팩 컴포즈는 상태를 사용하는 방법의 몇 가지 원칙을 세워뒀는데, 이러한 원칙을 알아본다.

6장, 조립에서는 앞에서 배운 개념을 복습하고 앱에 포함해본다. 실제 코드로 개념을 확인하면 개념을 이해하는 데 도움이 되며 프로그램에서 이를 재사용하기가 더 쉬워진다.

7장, 팁, 트릭, 모범 사례에서는 컴포즈를 사용할 때의 모범 사례를 알아본다. 여기에는 상태 유지 및 검색과 부수 효과로 불리는 동작의 사용법과 같은 주제가 포함된다.

8장, 애니메이션 적용에서는 관련된 모든 API를 소개한다. 애니메이션과 트랜지션은 앱을 멋지게 만들어준다. 젯팩 컴포즈는 뷰 기반의 접근 방식 대비 애니메이션 효과를 추가하는 프로세스를 크게 단순화했다.

9장, 상호 운용 API 자세히 알아보기에서는 앱 안에서 선언적 접근 방식과 명령적 접근 방식을 결합하는 전략을 살펴본다. 또한 기존 UI를 젯팩 컴포즈로 손쉽게 업데이트할 수 있는 마이그레이션 전략을 제공한다.

10장, 컴포즈 앱 테스트와 디버깅에서는 컴포즈 앱을 위한 기본적인 테스트 시나리오를 소개한다. 컴포즈 앱의 사용자 기반 인터페이스 테스트는 뷰 기반의 UI 테스트와는 다르게 동작한다. 컴포즈는 테스트에 선언적 접근 방식을 좀 더 사용한다.

11장, 결론과 다음 단계에서는 이후에 시도할 수 있는 것들을 안내하며 책을 마무리한다. 또한 젯팩 컴포즈의 미래를 예측해보고 인접해 있는 플랫폼들을 살펴보면서 어떠한 이점을 얻을 수 있을지 알아본다.

⁝⁚ 이 책의 활용 방법

최소 안드로이드 스튜디오 Arctic Fox나 그 이상의 버전이 필요하다. 또한 샘플 앱을 실행하려면 설정된 안드로이드 에뮬레이터나 실제 기기가 필요하다. 젯팩 컴포즈는 API 레벨 21 또는 그 이상이 돼야 동작한다.

책에서 사용한 소프트웨어/하드웨어	운영체제 요구 사항
안드로이드 스튜디오 Arctic Fox[1]	윈도우, 맥OS, 리눅스

이 책의 디지털 버전을 사용한다면 코드를 직접 입력하거나 이 책의 깃허브 리포지터리 코드에 접속할 것을 추천한다(링크는 다음 절에서 확인할 수 있다).

---

1. 원서는 Arctic Fox를 기준으로 하지만 이 한국어판에서는 Dolphin에서 모든 예제를 확인했다. - 옮긴이

⁂ 예제 코드 파일 다운로드

이 책의 예제 코드 파일은 깃허브 주소 https://github.com/PacktPublishing/
Android-UI-Development-with-Jetpack-Compose에서 다운로드할 수 있다. 코
드가 업데이트돼야 할 경우에는 깃허브 리포지터리에 업데이트될 것이다. 또한
https://github.com/PacktPublishing/에서 이용할 수 있는 많은 도서 목록과 비디오
를 통해 다른 코드 번들도 제공한다. 한번 살펴보기 바란다.

컬러 이미지 다운로드

이 책에서 사용된 스크린샷/다이어그램의 컬러 이미지를 포함하고 있는 PDF 파일
을 제공한다. 컬러 이미지를 보면 내용을 이해하는 데 도움이 될 것이다. https://
static.packt-cdn.com/downloads/9781801812160_ColorImages.pdf에서 해당 파
일을 다운로드할 수 있다. 또한 에이콘출판사의 도서정보 페이지인 http://www.
acornpub.co.kr/book/jetpack-compose에서도 다운로드할 수 있다.

⁂ 편집 규약

이 책에서는 몇 가지 유형의 텍스트가 사용된다.

텍스트 안의 코드: 텍스트 내에 코드가 포함된 유형으로, 데이터베이스 테이블 이름,
사용자 입력의 코드 단어 등이 이에 포함된다. 예를 들어 다음과 같다.

"Text()는 기본 내장된 컴포즈 함수로 `androidx.compose.material` 패키지에 포함
돼 있다."

코드 블록은 다음과 같이 나타낸다.

```kotlin
@Composable

fun Greeting(name: String) {

    Text(

        text = stringResource(id = R.string.hello, name),

        textAlign = TextAlign.Center,

        style = MaterialTheme.typography.subtitle1

    )

}
```

코드 블록의 특정 부분을 강조하고자 할 경우 관련 줄이나 항목을 굵은 글씨로 나타 낸다.

```kotlin
TextField(

    value = name.value,

    onValueChange = {

        name.value = it

    },
```

새로운 용어와 중요한 단어는 굵게 표기한다. 화면의 메뉴나 대화상자는 다음과 같이 표기한다.

"이름을 입력한 다음 **완료** 버튼을 누르면 인사말을 확인할 수 있을 것이다."

팁 또는 중요한 내용

이와 같이 나타낸다.

⠿ 독자 의견

독자로부터의 피드백은 항상 환영이다.

오탈자: 내용의 정확성을 위해 모든 노력을 기울였음에도 오류가 있을 수 있다. 이 책에서 잘못된 것을 발견하고 전달해준다면 매우 감사할 것이다. http://www.packtpub.com/submit-errata에서 해당 책을 선택하고 Errata Submission Form 링크를 클릭한 다음 발견한 오류 내용을 입력하면 된다. 한국어판의 정오표는 에이콘 출판사의 도서정보 페이지 http://www.acornpub.co.kr/book/jetpack-compose에서 볼 수 있다.

저작권 침해: 어떤 형태로든 불법 복제물을 인터넷에서 발견한다면 적절한 조치를 취할 수 있도록 해당 주소나 사이트명을 알려주길 바란다. 의심되는 불법 복제물의 링크는 copyright@packtpub.com으로 보내주길 바란다.

질문: 이 책과 관련해 질문이 있다면 questions@packtpub.com으로 문의하길 바란다. 한국어판에 관한 질문은 에이콘출판사 편집 팀(editor@acornpub.co.kr)이나 옮긴이의 이메일로 문의하길 바란다.

젯팩 컴포즈 기본 요소

1부에서는 젯팩 컴포즈의 중요한 기본 개념을 살펴본다. 잘 동작하는 컴포즈 앱을 작성하려면 이러한 개념을 이해하는 것이 중요하다.

1부는 다음 장으로 구성된다.

- 1장, 컴포즈 앱 첫 빌드

- 2장, 선언적 패러다임 이해

- 3장, 컴포즈 핵심 원칙 자세히 알아보기

01

컴포즈 앱 첫 빌드

10년 전쯤 안드로이드가 처음 소개됐을 때 개발자들 사이에서 빠르게 인기를 얻었다. 앱 개발이 믿을 수 없을 만큼 쉬웠기 때문이다. 개발자가 해야 할 일은 XML 파일에 사용자 인터페이스^{UI, User Interface}를 정의하고 액티비티^{Activity}에 연결하는 것뿐이었다. 당시에는 앱이 작았고 개발자는 소수의 디바이스만 지원하면 됐기 때문에 아무 문제없이 잘 작동했다.

그 후로 많은 변화가 있었다.

매번 새로운 플랫폼 버전과 함께 안드로이드에는 새 기능이 추가됐다. 수년 동안 디바이스 제조사는 화면 크기, 픽셀 밀도, 폼 팩터가 각기 다른 수많은 디바이스를 출시해왔다. 구글은 안드로이드 뷰 시스템을 이해하기 쉽게 유지하려고 최선을 다했지만 앱의 복잡성은 급격히 증가했다. 목록을 스크롤하거나 애니메이션과 같은 기본 작업에도 많은 양의 상용구 코드가 필요하게 됐다.

이러한 문제는 안드로이드에만 국한된 것이 아니었다. 다른 플랫폼과 운영체제 역시 이러한 문제에 봉착했다. 대부분의 문제는 흔히 **명령적 접근 방식**(명령적 접근 방식은

2장에서 다룬다)이라 불리는 UI 툴킷을 사용하는 방식에서 발생했다. 해결책은 패러다임을 전환하는 것이었다. 웹 프레임워크인 리액트^{React}는 처음으로 선언적 접근 방식을 대중화했다. 다른 플랫폼과 프레임워크(예를 들어 플러터 또는 SwiftUI)도 이를 뒤따랐다.

젯팩 컴포즈^{Jetpack Compose}는 구글이 안드로이드용으로 만든 선언적 UI 프레임워크다. 젯팩 컴포즈는 UI를 만드는 작업을 극적으로 단순화했다. 책을 읽고 나면 젯팩 컴포즈가 쉽고 재미있다는 것에 분명 동의할 것이다. 다만 본격적으로 시작하기 전에 젯팩 컴포즈는 코틀린 전용이라는 사실을 기억하자. 이는 모든 컴포즈 코드를 코틀린으로 작성해야 한다는 것을 의미한다. 책을 따라가다 보면 코틀린 문법과 함수형 프로그래밍 모델의 기본 지식을 얻게 될 것이다. 이러한 주제를 더 공부하고 싶다면 1장의 마지막에 있는 '참고 도서' 절을 참고하자.

1장에서 다루는 내용은 다음과 같다.

- 컴포저블 함수와 인사
- 미리 보기 사용
- 컴포즈 앱 실행

먼저 젯팩 컴포즈를 사용해 간단한 UI를 만드는 방법을 소개한다. 그런 다음 안드로이드 스튜디오에 있는 미리 보기 기능을 사용하는 방법과 컴포즈 앱을 실행하는 방법을 알아본다. 1장을 마치고 나면 컴포저블 함수가 동작하는 방식과 컴포저블 함수가 앱과 어떻게 통합되는지, 젯팩 컴포즈를 사용하려면 프로젝트를 어떻게 설정해야 하는지에 대한 기본 지식을 얻게 될 것이다.

⫶⫶⫶ 기술 요구 사항

1장의 모든 코드는 깃허브 주소 https://github.com/PacktPublishing/Android-UI-Development-with-Jetpack-Compose/tree/main/chapter_01에서 확인할 수 있다. 컴퓨터의 임의의 위치에 압축된 버전을 다운로드하거나 리포지터리를 클론하기 바란다. 프로젝트는 안드로이드 스튜디오 Arctic Fox 버전을 최소 사양으로 한다. 최신 버전은 https://developer.android.com/studio에서 다운로드할 수 있다. 설치에 대한 자세한 설명은 https://developer.android.com/studio/install을 참고한다.

책에 있는 프로젝트를 열려면 먼저 안드로이드 스튜디오를 실행하고 Welcome to Android Studio 창 우측 상단에 있는 Open 버튼을 선택한 후 폴더 선택 다이얼로그에서 프로젝트의 기본 디렉터리를 선택한다. 리포지터리의 기본 디렉터리를 열지 않도록 주의하자. 그러면 안드로이드 스튜디오가 프로젝트를 인식하지 못할 것이다. 대신, 작업하고자 하는 프로젝트가 포함된 디렉터리를 선택해야만 한다.

샘플 앱을 실행하려면 실제 기기나 안드로이드 에뮬레이터가 필요하다. 실제 기기에서 개발자 옵션과 USB 디버깅이 활성화돼 있고 기기가 개발 장비와 USB 또는 WLAN으로 연결돼 있는지 확인한다(https://developer.android.com/studio/debug/dev-options 설명을 참고한다). 안드로이드 에뮬레이터도 설정할 수 있다. 이에 대한 자세한 설명은 https://developer.android.com/studio/run/emulator에서 확인할 수 있다.

⫶⫶⫶ 컴포저블 함수와 인사

곧 확인하겠지만 컴포저블 함수^{composable functions}는 컴포즈 앱의 핵심 구성 요소다. 이러한 요소를 사용해 UI를 만든다.

먼저 첫 번째로 Hello라는 이름의 샘플 앱을 살펴본다(그림 1.1). 이미 책의 리포지터리를 클론하거나 다운로드했다면 프로젝트 폴더는 chapter_01 안에서 확인할 수 있다. 아직 하지 않았다면 지금 한다. 이 절의 내용을 따라가려면 안드로이드 스튜디오에서 프로젝트를 열고 MainActivity.kt 파일을 연다. 첫 번째 컴포즈 앱의 사용 사례는 매우 간단하다. 이름을 입력한 다음 **완료** 버튼을 누르면 인사말을 보게 될 것이다.

그림 1.1: Hello 앱

개념적으로 이 앱은 다음과 같이 구성됐다.

- 환영 인사

- EditText와 버튼이 동일한 열에 위치

- 인사말

이제 앱을 생성하는 방법을 알아보자.

환영 인사 나타내기

환영 인사부터 시작하자. 첫 번째 컴포저블 함수는 다음과 같다.

```
@Composable
fun Welcome() {
  Text(
    text = stringResource(id = R.string.welcome),
    style = MaterialTheme.typography.subtitle1
  )
}
```

컴포저블 함수는 @Composable 어노테이션으로 손쉽게 식별할 수 있다. 컴포저블 함수는 반환 타입을 가질 필요가 없으며 대신 UI 요소를 내보낸다. 컴포저블 함수는 일반적으로 다른 컴포저블 함수를 호출하는 것으로 끝난다(복잡한 걸 피하고자 '함수'라는 용어를 종종 생략할 것이다). 3장에서 이를 좀 더 자세히 다룬다.

예제에서 Welcome()은 텍스트를 소환한다. Text()는 기본 내장된 컴포즈 함수로 androidx.compose.material 패키지에 포함돼 있다.

Text()를 지금 이대로 호출하려면 다음과 같이 임포트문을 추가해야 한다.

```
import androidx.compose.material.Text
```

와일드카드 *를 사용하면 import 줄을 절약할 수 있다.

Text()나 다른 머티리얼 디자인 요소를 사용하려면 build.gradle 파일에 androidx.compose.material:material 구현 의존성implementation dependency을 반드시 포함해야 한다.

다시 환영 인사 코드로 돌아와서 Welcome() 안에 있는 Text() 컴포저블 함수는

text와 style이라는 두 개의 매개변수로 이뤄져 있다.

먼저 text는 어떠한 문구를 보여줄지 명시한다. R.string은 아마도 친숙할 것이다. R.string은 strings.xml 파일에 정의된 내용을 참조한다. 뷰 기반의 앱과 마찬가지로 UI 요소를 위한 문구를 정의한다. stringResource()는 미리 정의된 컴포저블 함수다. 이 함수는 androidx.compose.ui.res 패키지에 포함돼 있다.

style 매개변수는 텍스트의 외형을 변경한다. 예제에서는 텍스트가 부제subtitle처럼 보일 것이다. 6장에서 자신만의 테마를 만드는 방법을 알아본다.

다음 컴포저블도 꽤 유사해 보인다. 차이점을 발견할 수 있겠는가?

```
@Composable
fun Greeting(name: String) {
  Text(
    text = stringResource(id = R.string.hello, name),
    textAlign = TextAlign.Center,
    style = MaterialTheme.typography.subtitle1
  )
}
```

여기서 stringResource()는 매개변수를 추가로 받는다. 이는 플레이스홀더placeholder를 실제 문구로 교체할 때 매우 편리하다. 문자열은 strings.xml에 정의돼 있으며 정의된 내용은 다음과 같다.

```
<string name="hello">Hello, %1$s. \nNice to meet you.</string>
```

textAlign 매개변수는 텍스트를 가로로 어떻게 배치할지를 명시한다. 여기서는 각 줄의 중앙에 위치한다.

열, 텍스트 필드, 버튼 사용

다음으로 텍스트 입력 필드(여러분의 이름 입력)와 완료 버튼을 살펴보자. 이 두 요소는 동일선상에 위치한다. 이는 매우 일반적인 패턴이기 때문에 젯팩 컴포즈는 Row()라는 컴포저블 함수를 제공한다. 이 함수는 androidx.compose.foundation.layout 패키지에 포함돼 있다. 모든 컴포저블 함수가 그렇듯 Row() 함수도 () 안에 쉼표로 구분한 매개변수 목록을 받을 수 있으며, 자식 컴포저블 함수는 중괄호 안에 위치한다.

```
@Composable
fun TextAndButton(name: MutableState<String>,
                  nameEntered: MutableState<Boolean>) {
  Row(modifier = Modifier.padding(top = 8.dp)) {
    ...
  }
}
```

TextAndButton() 함수는 name과 nameEntered라는 두 개의 매개변수가 필요하다. 이 두 매개변수가 어떻게 사용되는지는 '인사말 출력' 절에서 확인할 수 있다. 지금은 MutableState 타입은 무시한다.

Row() 함수는 modifier라는 매개변수를 받는다. 변경자^{Modifier}는 젯팩 컴포즈의 핵심 기술로 컴포저블 함수의 외형과 행위에 영향을 준다. 이는 3장에서 자세히 다룬다.

padding(top = 8.dp)는 열 상단에 밀도 독립 픽셀$^{density-independent\ pixels}$(.dp) 값을 8만큼 설정해 패딩을 추가할 것이라는 의미이며, 이렇게 되면 위에 있는 환영 인사말과 떨어지게 된다.

이번에는 사용자가 이름을 입력하는 텍스트 입력 필드를 살펴본다.

```
TextField(
    value = name.value,
    onValueChange = {
        name.value = it
    },
    placeholder = {
        Text(text = stringResource(id = R.string.hint))
    },
    modifier = Modifier
        .alignByBaseline()
        .weight(1.0F),
    singleLine = true,
    keyboardOptions = KeyboardOptions(
        autoCorrect = false,
        capitalization = KeyboardCapitalization.Words,
    ),
    keyboardActions = KeyboardActions(onAny = {
        nameEntered.value = true
    })
)
```

TextField()는 androidx.compose.material 패키지에 포함돼 있다. 이 컴포저블 함수에는 다수의 매개변수가 필요하지만 대부분은 선택 사항이다. 앞의 코드에서 TextAndButton()에 전달된 name과 nameEntered 변수를 사용했다는 점을 참고한다. 이들 타입은 MutableState다. MutableState 객체는 변경할 수 있는 값이라는 특징을 지니며, name.value나 nameEntered.value와 같은 방식으로 값에 접근 할 수 있다.

TextField() 컴포저블 함수의 value 매개변수는 이미 입력된 텍스트와 같은 텍스트 입력 필드의 현재 값을 인자로 받는다. onValueChange는 텍스트를 변경하는 일이 발생하는 경우(사용자가 입력하거나 삭제하는 경우) 호출된다. 그런데 왜 name.value는 양쪽 모두에서 사용됐을까? 이 질문에 대한 대답은 '인사말 출력' 절에 있다.

이제 남은 코드를 간략히 살펴보자. alignByBaseline()을 사용하면 특정 Row() 내부에서 다른 컴포지션 함수들의 기준선을 멋지게 정렬할 수 있다. 플레이스홀더는 사용자가 입력하기 전까지 보여줄 텍스트를 포함한다. singleLine은 사용자가 텍스트를 여러 줄 입력할 수 있을지를 제어한다. 마지막으로 keyboardOptions와 keyboardActions에서는 화면에 나타난 키보드의 동작을 기술한다. 예를 들어 특정 동작을 수행하면 nameEntered.value가 true로 설정될 것이다. 그 이유는 곧 설명한다.

그전에 Button() 컴포저블 함수를 먼저 살펴봐야 한다. 이 함수도 androidx. compose.material 패키지에 포함돼 있다.

```
Button(modifier = Modifier
    .alignByBaseline()
    .padding(8.dp),
    onClick = {
      nameEntered.value = true
    }) {
    Text(text = stringResource(id = R.string.done))
}
```

몇 가지는 이미 친숙할 것이다. 예를 들어 버튼의 기준선을 텍스트 입력 필드와 맞추고자 alignByBaseline()을 호출하고 padding()을 사용해 밀도 독립 픽셀 값을 8만큼 적용해 버튼의 모든 면에 패딩을 적용한다. 이제 onClick()에서는 버튼을 선택했을 때 해야 할 일을 명시한다. 여기서도 nameEntered.value를 true로 설정한다. 이제 다음 컴포저블 함수인 Hello()에서 마침내 이렇게 처리한 이유를 알아본다.

인사말 출력

Hello() 함수는 Greeting()이나 최종적으로는 Welcome()과 TextAndButton() 함수를 포함하는 컴포저블 함수인 Column() 중 하나를 갖는 Box() 함수를 반환한다. Column() 컴포저블 함수는 Row()와 꽤 유사하지만 내부 요소를 세로로 정렬한다는 점이 다르다. Column()은 Box()와 마찬가지로 androidx.compose.foundation. layout 패키지에 포함돼 있다. Box()는 한 개 이상의 자식 컴포저블 함수를 포함할 수 있다. 자식 요소는 박스 내부에서 contentAlignment 매개변수 값에 따라 위치하게 된다. 관련 내용은 4장의 '기본 구성 요소 조합' 절에서 좀 더 상세히 알아본다.

```
@Composable
fun Hello() {
  val name = remember { mutableStateOf("") }
  val nameEntered = remember { mutableStateOf(false) }
  Box(
    modifier = Modifier
      .fillMaxSize()
      .padding(16.dp),
    contentAlignment = Alignment.Center
  ) {
    if (nameEntered.value) {
      Greeting(name.value)
    } else {
      Column(horizontalAlignment = Alignment.CenterHorizontally) {
        Welcome()
        TextAndButton(name, nameEntered)
```

```
      }
    }
  }
}
```

remember와 mutableStateOf를 발견했는가? 두 가지 모두 상태를 생성하고 관리하는 데 매우 중요한 역할을 한다. 일반적으로 앱에서 상태는 시간이 지남에 따라 변할 수 있는 값과 관련이 있다. 이는 도메인 데이터(예를 들어 웹 서비스 호출에 대한 결괏값)에도 적용되기도 하지만 상태는 대개 UI 요소에서 표시되거나 사용되는 항목과 관련이 있다. 컴포저블 함수가 상태를 갖는다면(또는 상태에 의존하거나) 상태가 변경될 경우 컴포저블 함수는 재구성된다(현재로는 다시 채색되거나 다시 그려지게 된다). 이게 무슨 말인지 이해하고자 다음 컴포저블 함수를 기억해보자.

```
@Composable
fun Welcome() {
  Text(
    text = stringResource(id = R.string.welcome),
    style = MaterialTheme.typography.subtitle1
  )
}
```

Welcome() 함수를 상태를 갖지 않았다고[stateless] 한다. 이 경우 재구성을 유발할 수 있는 모든 값은 한동안 그대로 유지된다. Hello()는 이와 반대로 상태를 가졌다고 [stateful] 하는데, Hello()에서는 name과 nameEntered 변수를 사용하기 때문이다. 이 변수들은 시간이 지남에 따라 값이 변한다. Hello() 소스코드만 보면 이 말이 와닿지 않을 수도 있다. name과 nameEntered는 TextAndButton()으로 전달되고 그 안에서 변경된다는 점을 기억하자.

앞 절에서 화면에 표시할 텍스트를 제공하는 부분과 사용자가 어떠한 값을 입력하면 변경 사항을 전달받는 부분, 이렇게 두 부분에서 `name.value`가 사용되는 이유를 설명하겠다고 약속했던 것을 기억하는가? 이는 일반적인 방식으로 상태와 함께 자주 사용된다. `Hello()`는 `mutableStateStateOf()`를 사용해 상태를 생성하고 `remember`를 사용해 상태를 기억한다. 그리고 상태를 다른 컴포저블 함수(TextAndButton())로 전달하는데, 이를 상태 호이스팅^{state hoisting}이라 부른다. 이에 대한 내용은 5장에서 좀 더 자세히 알아본다.

지금까지 여러 컴포저블 함수의 소스코드를 봤지만 화면에 출력된 결과물을 확인하진 못했다. 안드로이드 스튜디오에는 **컴포즈 미리 보기**^{Compose preview}라는 매우 중요한 기능이 있다. 이 기능을 사용하면 앱을 실행하지 않고도 컴포저블 함수의 화면을 볼 수 있게 해준다. 다음 절에서 미리 보기 기능을 사용하는 방법을 알아본다.

⁘ 미리 보기 사용

안드로이드 스튜디오 코드 에디터 우측 상단에는 Code, Split, Design 이렇게 세 개의 버튼이 있다(그림 1.2).

그림 1.2: 컴포즈 미리 보기(분리 모드)

이 버튼은 서로 다른 디스플레이 모드로 전환되며 종류는 다음과 같다.

- 코드만 보기

- 코드와 미리 보기

- 미리 보기만 보기

컴포즈 미리 보기를 사용하려면 컴포저블 함수에 @Preview 어노테이션이 추가로 포함돼야만 한다. 이 어노테이션은 androidx.compose.ui.tooling.preview 패키지에 포함돼 있다. 이 패키지는 build.gradle 파일에 androidx.compose.ui:ui-tooling-preview 구현 의존성이 필요하다.

안타깝게도 Greeting()에 @Preview를 추가하려고 하면 다음과 같은 에러 문구를 보게 될 것이다.

```
Composable functions with non-default parameters are not
supported in Preview unless they are annotated with
@PreviewParameter.
```

그렇다면 어떻게 해야 매개변수가 필요한 컴포저블 함수를 미리 보기 할 수 있을까?

미리 보기 매개변수

가장 확실한 해결 방법은 컴포저블 함수를 감싼 함수를 만드는 것이다.

```
@Composable
@Preview
fun GreetingWrapper() {
    Greeting("Jetpack Compose")
}
```

이는 곧 매개변수가 없는 또 다른 컴포저블 함수를 만들긴 하지만 내부에서는 필요한 매개변수(여기서는 텍스트가 되겠다)와 함께 기존 함수를 호출해야 한다는 것을 의미한다. 소스 파일에 포함된 컴포저블 함수가 얼마나 많으냐에 따라 수많은 상용구 코드를 생성해야 할 수도 있다. 이러한 함수는 미리 보기를 가능케 한다는 점 외에는 추가적인 가치를 부여하지 않는다.

다행히 다른 선택지도 있다. 예를 들어 컴포저블 함수에 기본값default values을 추가할 수 있다.

```
@Composable
fun AltGreeting(name: String = "Jetpack Compose")
```

이 방식은 좀 더 나아보이지만 컴포저블 함수를 호출하는 방식이 변경된다(매개변수를 전달하지 않고 호출할 수 있게 된다). 처음 설계할 때 기본값을 정의하지 않은 이유가 있는 경우라면 이 방법은 부적절하다.

@PreviewParameter를 사용하면 미리 보기에만 영향을 주면서 컴포저블 함수에 값을 전달할 수 있다. 안타깝게도 이 기능은 새로운 클래스를 작성해야 하므로 조금 장황해진다.

```
class HelloProvider : PreviewParameterProvider<String> {
  override val values: Sequence<String>
    get() = listOf("PreviewParameterProvider").asSequence()
}
```

클래스는 반드시 androidx.compose.ui.tooling.preview.PreviewParameterProvider를 확장해 구현해야 한다. 그러면 PreviewParameterProvider가 미리 보기에 매개변수를 전달한다. 이제 컴포저블 함수의 매개변수에 @PreviewParameter 어노테이션을 추가할 수 있으며 여기에 새로 만든 클래스를 전달한다.

```
@Composable
@Preview
```

```
fun AltGreeting2(@PreviewParameter(HelloProvider::class) name: String) {
```

어찌 보면 이 역시 상용구 코드를 만드는 것일지도 모른다. 그렇기 때문에 결국 어떠한 방법을 선택할 것이냐는 개인 취향의 문제다. @Preview 어노테이션은 다수의 매개변수를 받을 수 있다. 이러한 매개변수로 미리 보기 외형을 변경한다. 그중 몇 가지를 살펴보자.

미리 보기 설정

backgroundColor =를 사용하면 미리 보기의 배경색을 설정할 수 있다. 전달하는 값은 Long 타입이며 ARGB 색상을 나타낸다. 또한 showBackground 값을 true로 설정해야 한다는 점도 명심하자. 다음 코드는 배경을 빨간색으로 채울 것이다.

```
@Preview(showBackground = true, backgroundColor = 0xffff0000)
```

기본적으로 미리 보기 면적은 자동으로 선택된다. 면적을 명시적으로 설정하고자 할 경우에는 heightDp와 widthDp를 전달할 수 있다.

```
@Composable
@Preview(widthDp = 100, heightDp = 100)
fun Welcome() {
  Text(
    text = stringResource(id = R.string.welcome),
    style = MaterialTheme.typography.subtitle1
  )
}
```

그림 1.3에서 위 코드의 결과물을 보여준다. 두 값 모두 밀도 독립 픽셀로 처리되기 때문에 컴포저블 함수 내에서 했던 것처럼 .dp를 추가할 필요가 없다.

그림 1.3: 미리 보기의 가로와 세로 설정하기

각기 다른 사용자 지역을 테스트하고자 locale 매개변수를 추가할 수도 있다. 예를 들어 앱의 values-de-rDE에 독일어 문자열이 포함돼 있다면 다음과 같이 추가해 사용할 수 있다.

```
@Preview(locale = "de-rDE")
```

이 문자열은 values- 뒤에 있는 디렉터리 이름과 일치해야 한다. Translations Editor에서 언어를 추가할 경우 안드로이드 스튜디오에서 해당 디렉터리를 만들어 준다는 것을 기억하자.

상태 바나 액션 바를 보여주고 싶으면 showSystemUi를 사용하면 된다.

```
@Preview(showSystemUi = true)
```

device 매개변수를 활용하면 컴포저블 함수가 다양한 폼 팩터, 화면 비율, 픽셀 밀도에서 어떻게 대응하는지 확인할 수 있다. 이 매개변수를 문자열로 받는다. 예를 들어 Devices.PIXEL_C 또는 Devices.AUTOMOTIVE_1024p처럼 Devices에 있는 값 중 하나를 전달한다.

이번 절에서는 미리 보기를 설정하는 방법을 살펴봤다. 그다음으로 미리 보기 그룹 ^{preview groups}을 소개한다. 이 기능은 소스코드 파일에 미리 보기가 필요한 컴포저블 함수가 여러 개 있는 경우 매우 유용하다.

미리 보기 그룹화

안드로이드 스튜디오는 소스코드 순서대로 @Preview 어노테이션이 있는 컴포저블 함수를 미리 보기로 보여준다. 여러분은 세로 레이아웃^{Vertical Layout}과 격자 레이아웃^{Grid Layout} 중 하나를 선택할 수 있다(그림 1.4).

그림 1.4: 세로 레이아웃과 격자 레이아웃 간 전환

컴포저블 함수의 개수에 따라 미리 보기 창이 다소 혼란스러워 보일 수 있다. 이러면 **group** 매개변수를 추가해 컴포저블 함수를 다른 그룹에 추가하기만 하면 된다.

```
@Preview(group = "my-group-1")
```

그러면 모든 컴포저블 함수를 확인하거나 특정 그룹에 속한 함수만 확인할 수 있다(그림 1.5).

그림 1.5: 그룹 간 전환

지금까지 컴포저블 함수의 소스코드가 어떠한 모습인지와 안드로이드 스튜디오에서 이를 미리 보기 할 수 있는 방법을 알아봤다. 다음 절에서는 안드로이드 에뮬레이터나 실제 기기에서 컴포저블 함수를 실행하고 컴포저블 함수를 앱의 다른 부분과 연동하는 방법을 알아본다. 그러나 그 전에 팁이 하나 더 있다.

미리 보기를 이미지로 추출하기

보조 마우스 버튼으로 컴포즈 미리 보기를 선택하면 조그마한 팝업 메뉴를 확인할 수 있을 것이다. 미리 보기 비트맵을 시스템 클립보드에 복사하고자 **이미지 복사하기**(Copy Image)를 선택한다. 대부분의 그래픽 애플리케이션에서는 복사한 비트맵을 새 문서에 붙여넣기 할 수 있다.

컴포즈 앱 실행

안드로이드 에뮬레이터나 실제 기기에서 컴포저블 함수의 룩앤필을 확인하고자 할 경우 두 가지 방법이 있다.

- 컴포저블 함수 배포

- 앱 실행

첫 번째 방법은 전체 앱이 아닌 특정 컴포저블 함수에 집중하려는 경우에 유용하다. 또한 컴포저블 함수를 배포하는 데 필요한 시간은 전체 앱을 배포하는 데 필요한 시간보다 훨씬 짧을 수 있다(이는 앱 크기에 따라 다르다). 이제 컴포저블 함수 배포 방법을 알아보자.

컴포저블 함수 배포

실제 기기나 안드로이드 에뮬레이터에 컴포저블 함수를 배포하려면 미리 보기 우측 상단에 있는 조그마한 이미지인 Deploy Preview 버튼을 선택한다(그림 1.6).

그림 1.6: 컴포저블 함수 배포

그러면 새로운 실행 환경설정^{launch configuration}이 자동으로 생성된다(그림 1.7).

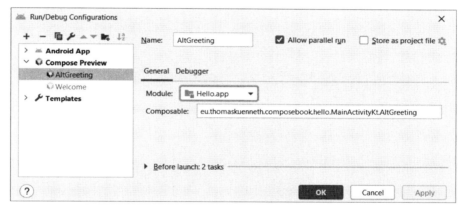

그림 1.7: 컴포즈 미리 보기를 나타내는 실행 환경설정

Run/Debug Configurations 다이얼로그에서 컴포즈 미리 보기 환경설정을 변경하거나 삭제할 수 있다. 여기에 접근하려면 **컴포즈 미리 보기**^{Compose Preview} 노드를 연다. 그러면 이름을 변경하거나 Allow parallel run을 해제해 병렬 실행을 중지할 수 있다.

이 장의 목적은 실제 기기나 안드로이드 에뮬레이터에 첫 번째 컴포즈 앱을 배포하고 실행하는 것이다. 이제 거의 다 왔다. 다음 절에서 화면을 띄우는 데 전제 조건이 되는 액티비티에 컴포저블 함수를 포함하는 방법을 알아본다. 그리고 마침내 '플레이 버튼 누르기' 절에서 앱을 실행해볼 것이다.

액티비티에서 컴포저블 함수 사용

액티비티[Activities]는 안드로이드 첫 번째 플랫폼 버전이 나온 이래로 안드로이드 앱의 기본 구성 요소 중 하나로 자리매김해왔다. 사실상 모든 앱은 적어도 한 개의 액티비티를 갖는다. 액티비티는 매니페스트 파일에 정의해야 한다. 홈 화면에서 액티비티를 실행하기 위한 진입점은 다음과 같다.

```
<activity
    android:name=".MainActivity"
    android:exported="true"
    android:label="@string/app_name">
    <intent-filter>
        <action android:name="android.intent.action.MAIN" />
        <category android:name="android.intent.category.LAUNCHER" />
    </intent-filter>
</activity>
...
```

위 내용은 컴포즈 앱에서도 여전히 유효하다. 컴포저블 함수를 보여주고자 하는 액티비티는 예전처럼 레이아웃 파일을 인플레이트[inflate]하는 방식으로 구성된다. 그렇다면 소스코드는 어떠한 모습일까? Hello 앱의 메인 액티비티는 MainActivity 며, 다음 코드 블록에서 확인할 수 있다.

```
class MainActivity : ComponentActivity() {
    override fun onCreate(savedInstanceState: Bundle?) {
        super.onCreate(savedInstanceState)
        setContent {
            Hello()
        }
    }
}
```

보다시피 코드는 매우 간결하다. UI(Hello() 컴포저블 함수)는 setContent라는 함수가 호출되면서 화면에 표시된다. 이 함수는 androidx.activity.ComponentActivity의 확장 함수로, androidx.activity.compose 패키지에 포함돼 있다.

컴포저블 함수를 렌더링하고자 액티비티는 반드시 ComponentActivity나 Component Activity를 직접 또는 간접적으로 부모 클래스로 갖는 다른 클래스를 상속해야만 한다. 이러한 예로는 androidx.fragment.app.FragmentActivity와 androidx.appcompat.app.AppCompatActivity가 있다.

컴포즈 앱은 setContent()를 호출하는 반면 뷰 기반의 앱은 setContentView()를 호출하면서 레이아웃 아이디(R.layout.activity_main) 또는 루트 뷰 자체(일반적으로 루트 뷰는 일부 바인딩 메커니즘을 통해 얻게 된다.)를 전달한다는 중요한 차이점이 있다. 오래된 메커니즘의 동작 방식을 알아보자. 다음 코드는 필자의 오픈소스 앱 중 한 곳에서 발췌했다(깃허브 주소 https://github.com/MATHEMA-GmbH/TKWeek에서 코드를 확인할 수는 있지만 이 책에서는 이 이상 언급하지 않을 것이다).

```
class TKWeekActivity : TKWeekBaseActivity() {

    private var backing: TkweekBinding? = null
    private val binding get() = backing!!

    override fun onCreate(savedInstanceState: Bundle?) {
        super.onCreate(savedInstanceState)
        backing = TkweekBinding.inflate(layoutInflater, null, false)
        setContentView(binding.root)
        ...
```

두 접근 방식을 비교해보면 젯팩 컴포즈에서 두드러진 차이점을 발견할 수 있는데, UI 컴포넌트 트리나 각각의 컴포넌트 요소의 참조를 유지할 필요가 없다는 점이다. 2장에서 이러한 방식이 유지 보수가 쉽고 오류를 덜 발생시킨다는 것을 설명할 것이다.

이제 setContent()로 되돌아오자. 이 함수는 두 개의 매개변수를 받는데, 바로

parent(null을 허용한다)와 content(UI)다. parent 매개변수는 androidx.compose.runtime.CompositionContext의 인스턴스다. parent는 두 컴포지션을 논리적으로 연결하는 데 사용한다. 이에 대한 내용은 고급 주제로, 3장에서 다룬다.

> **중요 사항**
>
> MainActivity는 어떠한 컴포저블 함수도 포함하지 않는다는 사실을 발견했는가? 컴포저블 함수는 클래스의 일부가 될 필요가 없다. 사실, 가능하다면 컴포저블 함수는 최상위 함수로 구현해야 한다. 젯팩 컴포즈는 android.content.Context에 접근할 수 있는 대체 수단을 제공한다. 이미 getString() 메서드를 대체하는 stringResource() 컴포저블 함수를 살펴봤다.

컴포저블 함수를 액티비티에 포함하는 방법을 살펴봤으니 이제 젯팩 컴포즈를 기반으로 하는 프로젝트 구조를 살펴본다. 프로젝트 마법사를 사용해 젯팩 컴포즈 앱을 생성하면 안드로이드 스튜디오가 모든 것을 설정해주긴 하지만 내부에서 어떤 파일이 관련 있는지 아는 것도 매우 중요하다.

내부 살펴보기

젯팩 컴포즈는 코틀린에 크게 의존한다. 이는 앱 프로젝트가 반드시 코틀린을 사용하도록 설정돼야만 한다는 것을 의미한다. 그렇다고 자바를 전혀 사용할 수 없다는 것은 아니다. 사실 컴포저블 함수가 코틀린으로 작성돼 있기만 하다면 프로젝트에서 코틀린과 자바를 손쉽게 혼용할 수 있다. 또한 예전 뷰 방식과 컴포저블 함수를 결합할 수도 있다. 이 주제는 9장에서 다룬다.

먼저 안드로이드 스튜디오 버전에 해당하는 안드로이드 그레이들 플러그인을 프로젝트 레벨의 build.gradle 파일에 설정해야 한다.

```
buildscript {
    ...
```

```
dependencies {
    classpath 'com.android.tools.build:gradle:7.2.2'
    classpath "org.jetbrains.kotlin:kotlin-gradle-plugin:1.7.0"
    ...
  }
}
```

다음 코드는 모듈 레벨의 build.gradle 파일에 포함된다.

```
plugins {
    id 'com.android.application'
    id 'kotlin-android'
}
```

그다음으로 앱의 최소 API 레벨을 21이나 그 이상으로 설정하고 젯팩 컴포즈가 활성화되도록 설정해야 한다. 또한 다음 코드에서는 코틀린 컴파일러 플러그인 버전도 설정한다.[1]

```
android {
    defaultConfig {
        ...
        minSdkVersion 28
    }
    buildFeatures {
        compose true
    }
    ...
    compileOptions {
```

---

1. 원서는 1.0.5를 기준으로 작성됐으나 이 한국어판에서는 업데이트된 깃허브 예제에 적용된 1.2.1를 기준으로 작성했다.
  — 옮긴이

```
            sourceCompatibility JavaVersion.VERSION_11
            targetCompatibility JavaVersion.VERSION_11
        }
        kotlinOptions {
            jvmTarget = '11'
        }
        composeOptions {
            kotlinCompilerExtensionVersion compose_version
        }
    }
```

마지막으로 의존성을 명시한다. 다음 코드는 좋은 시작점 역할을 한다. 앱에서 사용하는 패키지에 따라 패키지를 추가로 필요로 할 수 있다.

```
dependencies {
    implementation 'androidx.core:core-ktx:1.9.0'
    implementation 'androidx.appcompat:appcompat:1.5.1'
    implementation "androidx.compose.ui:ui:$compose_version"
    implementation "androidx.compose.material:material:$compose_version"
    implementation "androidx.compose.ui:ui-tooling-preview:$compose_version"
    implementation 'androidx.lifecycle:lifecycle-runtime-ktx:2.5.1'
    implementation 'androidx.activity:activity-compose:1.6.1'
    debugImplementation "androidx.compose.ui:ui-tooling:$compose_version"
}
```

프로젝트를 설정하고 나면 Compose 앱을 빌드하고 실행하는 동작은 기존 뷰 기반의 앱에서 했던 것과 동일하게 동작한다.

플레이 버튼 누르기

컴포즈 앱을 실행하려면 타깃 디바이스를 선택하고 앱 모듈이 선택돼 있는지 확인한 후 녹색의 플레이 버튼을 누른다(그림 1.8).

그림 1.8: 앱을 실행하는 안드로이드 스튜디오 툴바 요소

이제 끝났다. 이제 첫 번째 컴포즈 앱을 실행했으며, 많은 것을 이뤄냈다. 이제 정리해보자.

요약

1장에서는 처음으로 컴포저블 함수를 작성하는 방법을 살펴봤다. 컴포저블 함수는 코틀린 함수로 @Compose 어노테이션을 포함한다. 컴포저블 함수는 젯팩 컴포즈 기반 UI의 핵심 구성 요소다. 기존 라이브러리 컴포저블 함수와 우리만의 함수를 결합해 아름다운 앱 화면을 만들기도 했다. @Preview 어노테이션을 추가하면 미리 보기를 할 수 있다. 젯팩 컴포즈를 프로젝트에서 사용하려면 두 build.gradle 파일을 알맞게 설정해야만 한다.

2장에서는 젯팩 컴포즈의 선언적 접근 방식과 안드로이드 뷰 기반의 컴포넌트 라이브러리 같은 기존 UI 프레임워크의 명령적 특성 간의 차이점을 자세히 살펴본다.

⁛ 참고 도서

책에서는 여러분이 코틀린 문법과 전반적인 안드로이드 개발을 기본적으로 이해하고 있다고 가정한다. 좀 더 자세히 공부하려면 존 호튼^{John Horton}이 집필한 『Android Programming with Kotlin for Beginners』(Packt, 2019)를 읽어 볼 것을 추천한다.

02

선언적 패러다임 이해

젯팩 컴포즈는 안드로이드 UI 개발의 근본적인 전환을 나타낸다. 전통적인 뷰 기반 접근 방식은 컴포넌트와 클래스에 중점을 뒀던 것에 비해 이 새로운 프레임워크는 선언적 접근 방식을 따른다.

1장에서는 컴포즈 기반 UI의 기본 구성 요소인 컴포저블 함수를 소개했다. 2장에서는 전통적인 클래스와 기법들을 사용해 안드로이드 UI를 구현하는 방법을 간략히 되짚어본다. 그리고 이러한 접근 방식의 몇 가지 문제점을 알아보고 선언적 접근 방식은 이러한 문제를 극복하는 데 어떠한 도움을 주는지 알아본다.

2장에서 다루는 내용은 다음과 같다.

- 안드로이드 뷰 시스템 살펴보기

- 컴포넌트에서 컴포저블 함수로 이동

- 아키텍처 관점에서 설명

먼저 두 번째 샘플 앱인 Hello View를 살펴본다. 이 앱은 1장에서 만든 Hello 앱을 다시 만든 것이다. Hello View 앱에서는 XML 레이아웃 파일^{layout file}을 이용한 뷰와 뷰 바인딩^{view binding}을 사용한다.

그런 다음에는 뷰 기반의 세계에서 UI 구성 요소를 담당하는 **컴포넌트**^{Component}의 주요 사항을 살펴본다. 여기서는 컴포저블 함수와의 유사점과 차이점을 알아보고 컴포저블 함수가 컴포넌트 중심 프레임워크의 한계를 어떻게 극복하는지도 알아본다.

마지막으로 안드로이드 프레임워크의 여러 계층과 이러한 계층들이 UI를 만드는 데 어떠한 관련이 있는지 살펴본다. 2장을 끝내면 3장의 주제인 젯팩 컴포즈 핵심 원칙을 자세히 알아볼 수 있는 충분한 배경 지식을 얻게 될 것이다.

기술 요구 사항

안드로이드 스튜디오를 설치하고 설정하는 방법과 샘플 앱을 다운로드하는 방법은 1장의 '기술 요구 사항' 절을 참고하자. 2장에 필요한 모든 코드는 깃허브 주소 https://github.com/PacktPublishing/Android-UI-Development-with-Jetpack-Compose/tree/main/chapter_02에서 확인할 수 있다.

안드로이드 뷰 시스템 살펴보기

안드로이드 UI를 개발하는 기존 접근 방식은 컴포넌트 트리를 정의하고 런타임에서 변경하는 것이었다. UI 개발은 코드를 작성하는 것으로도 완벽하게 구현할 수 있지만 선호하는 방식은 레이아웃 파일을 만드는 것이었다. 레이아웃 파일은 XML 태그와 속성을 사용해 어떠한 UI 요소를 화면에 나타낼지 정의했다. 다음 레이아웃 파일을 살펴보자.

```xml
<?xml version="1.0" encoding="utf-8"?>
<androidx.constraintlayout.widget.ConstraintLayout
    xmlns:android="http://schemas.android.com/apk/res/android"
    xmlns:app="http://schemas.android.com/apk/res-auto"
    android:layout_width="match_parent"
    android:layout_height="match_parent">

    <TextView
        android:id="@+id/message"
        style="@style/TextAppearance.AppCompat.Medium"
        android:layout_width="wrap_content"
        android:layout_height="wrap_content"
        android:textAlignment="center"
        app:layout_constraintBottom_toBottomOf="parent"
        app:layout_constraintBottom_toTopOf="@id/name"
        app:layout_constraintEnd_toEndOf="parent"
        app:layout_constraintHorizontal_bias="0.5"
        app:layout_constraintStart_toStartOf="parent"
        app:layout_constraintTop_toTopOf="parent"
        app:layout_constraintVertical_bias="0.5"
        app:layout_constraintVertical_chainStyle="packed" />
    ...
</androidx.constraintlayout.widget.ConstraintLayout>
```

레이아웃 파일은 계층 구조(트리)를 정의한다. 앞에서 살펴본 XML 파일에서는 최상위 (root) 노드(ConstraintLayout)가 한 개의 자식 노드(TextView)를 갖고 있다. 완성된 Hello View의 XML 파일에는 자식 노드가 두 개 더 있는데, EditText 컴포넌트와 Button 컴포넌트다. 실제 앱의 레이아웃 파일은 여러 자식 노드를 갖는 훨씬 더 중첩적인 구조가 될 수 있다.

일반적으로 ...Layout 요소는 자식의 크기와 위치를 지정해야 하는 책임이 있다. 이러한 Layout 요소는 시각적 표현(예를 들어 배경색이나 테두리)이 있을 수는 있으나 일반적으로는 사용자와 상호작용하지 않는다. ScrollView는 이러한 규칙에서 예외인 것

중 하나다. 버튼, 체크박스, 편집 가능한 텍스트 필드와 같은 다른 모든(...Layout이 아닌 요소) 요소는 사용자와의 상호작용을 허용할 뿐만 아니라 이러한 동작을 목적으로 한다.

레이아웃과 비레이아웃 요소를 통틀어 컴포넌트라고 한다. '컴포넌트에서 컴포저블 함수로 이동' 절에서 이 용어를 살펴볼 것이다. 그전에 앱에서 레이아웃 파일이 어떻게 사용되는지 먼저 살펴보자.

레이아웃 파일 인플레이팅

액티비티는 안드로이드 앱의 핵심 구성 요소 중 하나다. 액티비티는 매우 정교한 생명주기를 구현하며, 이러한 생명주기는 재정의할 수 있는 몇 가지 메서드를 통해 반영된다.

일반적으로 onCreate() 메서드는 앱을 준비하고 setContentView()를 호출해 UI를 나타내는 데 사용한다. setContentView() 메서드는 R.layout.main과 같은 레이아웃 파일을 나타내는 ID를 전달받는다. 이러한 이유로 접근하려는 UI 요소를 가리키는 변수를 정의해야만 한다. 이는 다음과 같다.

```
private lateinit var doneButton: Button
...
val doneButton = findViewById(R.id.done)
```

이와 같은 방식은 더 큰 규모의 앱과는 잘 맞지 않는다는 것이 드러났다. 여기에는 기억해야 할 두 가지 중요한 문제가 있다.

- 변수를 초기화하기 전에 접근하면 런타임에서 크래시가 발생할 여지가 있다.

- 컴포넌트 개수가 많아지면 코드는 급격히 비대해진다.

때때로 다음 코드와 같이 로컬 변수를 사용하면 첫 번째 문제를 막을 수 있다.

```
val doneButton = findViewById<Button>(R.id.done)
```

이처럼 UI 요소를 정의한 후 바로 접근할 수도 있다. 그러나 이 경우 변수는 블록문이나 함수 내부와 같이 변수를 정의한 범위^{scope} 안에서만 존재하게 된다. 이러한 방식은 문제가 될 수 있는데, onCreate() 메서드 바깥에서 컴포넌트를 변경해야 하는 경우가 빈번히 발생하기 때문이다. 이는 컴포넌트 기반의 세계에서는 컴포넌트의 프로퍼티를 변경함으로써 UI가 변경되기 때문이다. 앱의 여러 곳에서 동일한 변경 사항이 필요한 경우가 종종 있기 때문에 코드 중복을 피하려면 메서드로 리팩토링되며, 이러한 메서드는 변경할 컴포넌트를 알고 있어야만 한다.

두 번째 문제를 해결하고자, 즉 개발자가 컴포넌트의 참조를 계속 유지해야 하는 작업을 덜어주고자 구글은 뷰 바인딩 기능을 제공했다. 뷰 바인딩은 젯팩에 포함돼 있으며 안드로이드 스튜디오 3.6에서 처음 공개됐다. 뷰 바인딩의 사용 방법을 알아보자.

```
class MainActivity : AppCompatActivity() {
  private lateinit var binding: MainBinding
  override fun onCreate(savedInstanceState: Bundle?) {
    super.onCreate(savedInstanceState)
    binding = MainBinding.inflate(layoutInflater)
    setContentView(binding.root)
    ...
    enableOrDisableButton()
  }
  ...
}
```

이 경우 액티비티 UI가 아무리 복잡하더라도 한 개의 참조만 유지하면 된다. 일반적으로 이러한 변수를 바인딩^{binding}이라 부르며, 이 변수는 ...Binding 인스턴스의 inflate() 메서드를 호출해 초기화한다. 예제에 있는 MainBinding 클래스는 main.xml을 수정하면 자동으로 생성되고 갱신된다. 모든 레이아웃 파일은 각각에 대응하는 ...Binding 클래스를 갖는다. 이러한 메커니즘을 활성화하려면 모듈 단계의 build.gradle 파일에서 viewBinding 빌드 옵션을 반드시 true로 설정해야 한다.

```
android {
  ...
  buildFeatures {
    viewBinding true
  }
}
```

이제 ...Binding.inflate() 메서드를 호출해 레이아웃 파일을 인플레이트하고 이를 인스턴스 변수에 할당하고 나면 이 변수를 사용해 컴포넌트 ID를 통해 모든 컴포넌트에 접근할 수 있다. ID는 XML 속성인 android:id(예를 들어 android:id="@+id/message")를 사용해 설정한다.

주요 사항

예전 방식인 findViewById()와 뷰 바인딩 간에는 중요한 차이점이 있다. 후자를 사용하면 setContentView()에 레이아웃 파일을 나타내는 ID(R.layout.main)를 전달하는 대신 반드시 루트 컴포넌트(binding.root)를 전달해야만 한다.

이 절에서는 UI 요소의 참조를 얻는 방법을 알아봤다. 다음 'UI 수정' 절에서는 이러한 참조를 사용하는 방법을 알아본다.

UI 수정

이번 절에서는 뷰 기반의 UI를 변경하는 방법을 알아본다. 먼저 onCreate()에서 호출되는 enableOrDisableButton() 함수를 살펴보는 것부터 시작해보자. 함수명에서 함수의 목적을 유추할 수 있는데, 버튼을 활성화하거나 비활성화하는 것이다. 그런데 왜 이런 함수가 필요할까? Hello View는 1장의 Hello 앱을 재구현한 것이지만 한 가지 기능이 더 추가됐다. 바로 사용자가 공백이 아닌 문자를 하나라도 입력하지 않으면 **완료** 버튼을 클릭할 수 없어야 한다는 것이다.

```
private fun enableOrDisableButton() {
    binding.done.isEnabled = binding.name.text.isNotBlank()
}
```

binding.done은 런타임 내내 버튼을 참조한다. 버튼은 isEnabled가 true일 때만 클릭할 수 있다. 텍스트 입력 필드는 binding.name으로 참조한다. 텍스트 입력 필드의 text 프로퍼티에는 사용자 입력한 내용이 반영된다. isNotBlank()는 공백이 아닌 문자가 적어도 하나 이상 존재하는지를 알려준다.

지금까지 보여준 코드 중에서 enableOrDisableButton()은 onCreate() 메서드 끝부분에서만 호출했다. 그런데 사용자가 무언가를 입력할 때마다 이 함수를 다시 호출해야 한다. 그럼 이를 구현하는 방법을 알아보자(다음 코드는 액티비티가 생성됐을 때 실행돼야 하므로 onCreate() 내부에 포함돼 있다는 점을 참고하자).

```
binding.name.run {
    setOnEditorActionListener { _, _, _ ->
        binding.done.performClick()
        true
    }
    doAfterTextChanged {
```

```
            enableOrDisableButton()
        }
        visibility = VISIBLE
    }
```

텍스트 입력 필드는 화면에 나타나는 키보드의 특정 부분을 변경할 수 있다. 예를 들어 일반적인 엔터[Enter] 키 대신 완료[Done] 키를 보여주고자 할 경우 레이아웃 파일에 `android:imeOptions="actionDone"` 속성을 추가한다. 이 키를 클릭했을 때 반응하려면 `setOnEditorActionListener()`를 호출해 코드를 등록해야만 한다. 그런 다음 `binding.done.performClick()`으로 완료 버튼을 클릭한 것처럼 처리한다. 왜 이렇게 하는지는 잠시 후 알게 될 것이다.

`doAfterTextChanged()`에 전달한 람다 함수는 사용자가 텍스트 입력 필드에 무언가를 입력하거나 삭제할 때마다 호출된다. 이때 `enableOrDisableButton()`이 호출되고 현재 입력 필드에 출력된 텍스트가 빈칸이 아니라면 버튼을 클릭 가능하게 만들어준다.

마지막으로 `binding.name.run {`에 있는 `visibility = VISIBLE`은 텍스트 입력 필드를 화면에 보이게 해준다. 이는 액티비티가 생성됐을 때 우리가 기대하던 상태다.

이제 완료 버튼과 관련된 코드로 넘어가보자.

```
    binding.done.run {
        setOnClickListener {
            val name = binding.name.text
            if (name.isNotBlank()) {
                binding.message.text = getString(R.string.hello, name)
                binding.name.visibility = GONE
                it.visibility = GONE
            }
        }
```

```
    visibility = VISIBLE
  }
```

완료 버튼을 클릭하면 텍스트 입력 필드가 공백 이외에 한 개 이상의 문자를 포함하는지 여부를 검사한다. 문자를 포함한다면 인사말을 만들고 화면에 출력할 것이다. 또한 버튼과 텍스트 입력 필드는 숨김 처리된다. 화면에는 오직 인사말만 노출돼야 하기 때문에 버튼과 텍스트 입력 필드는 사용자가 이름을 입력하면 사라져야 한다. visibility 프로퍼티를 수정함으로써 컴포넌트를 노출하거나 숨김 처리하는 동작이 완료되는데, visibility = VISIBLE로 설정하면 완료 버튼이 화면에 나타난다. 이는 액티비티가 생성됐을 때 우리가 기대했던 상태다.

setOnEditorActionListener의 람다 함수 내부에서 perfomClick()을 호출하는 이유를 설명하겠다고 앞에서 약속했던 것을 기억하는가? 이러한 방식을 사용하면 코드를 리팩토링해 함수로 분리한 후 해당 함수를 호출하지 않고도 버튼 리스너 내부에 있는 코드를 재사용할 수 있다. 이와 같은 방식은 분명 현실적인 대안이 된다.

다음으로 넘어가기 전에 지금까지 살펴본 내용을 정리해보자.

- UI는 XML 파일로 정의한다.

- UI는 런타임 단계에서 컴포넌트 트리로 인플레이트된다.

- UI를 변경하려면 연관된 모든 컴포넌트의 속성을 수정해야만 한다.

- UI 요소가 화면에서 보이지 않더라도 컴포넌트 트리의 요소로는 남아있다.

이것이 바로 일반적인 UI 프레임워크를 **명령적**[imperative]이라고 하는 이유다. UI를 변경하는 것은 관련 있는 모든 컴포넌트의 요소를 의도적으로 수정하는 것으로 끝난다. 예제에서 볼 수 있듯이 이러한 작업은 규모가 작은 앱에서는 문제없이 잘 동작한다. 그러나 앱에 UI 요소가 많아질수록 변경 사항을 추적하는 부담도 점점 커진다. 도메인 데이터가 변경되면(목록에 항목이 추가되거나, 텍스트를 삭제하거나, 원격 서버에서 이미지를

로딩하는 등) UI도 변경이 필요하다. 개발자는 도메인 데이터의 어느 부분이 어떤 UI 요소와 관련이 있는지 알아야 하며, 그런 다음 컴포넌트 트리를 적절히 수정해야만 한다. 이러한 작업은 앱이 더 커질수록 점점 더 어려워진다.

또한 아키텍처에 대한 안내가 불명확하면 컴포넌트 트리를 변경하는 코드는 마지막 에는 거의 대부분 앱이 사용하는 데이터를 수정하는 코드와 뒤섞이게 된다. 이렇게 되면 앱을 유지 보수하거나 추가 개발하기가 훨씬 더 어려워지고 오류가 발생할 가능성도 높아진다. 다음 절에서는 컴포저블 함수를 살펴본다. 이 절에서는 컴포저 블 함수가 컴포넌트와 어떻게 다른지 살펴보고 컴포저블 함수가 왜 선언적 접근 방식의 단점을 극복하는 데 도움이 되는지 알아본다.

⚙ 컴포넌트에서 컴포저블 함수로 이동

지금까지 컴포넌트라는 단어를 UI 요소와 관련이 있다고 설명했다. 사실 컴포넌트 라는 용어는 다른 여러 분야에서 사용된다. 일반적으로 컴포넌트는 별개의 영역 또는 컴포넌트의 일부를 분리해 시스템을 구성한다. 보통 컴포넌트 내부 동작은 외부로 드러나지 않는다(이를 블랙박스 원리(black box principle)라고 한다).

팁

블랙박스 원리를 더 알고 싶다면 https://en.wikipedia.org/wiki/Black_box를 참고한다.

컴포넌트는 메시지를 주고받는 방식을 사용해 시스템의 다른 부분과 통신한다. 컴 포넌트의 모습이나 행위는 일련의 속성이나 프로퍼티^{properties}로 제어한다.

TextView를 생각해보자. text 프로퍼티를 수정해 텍스트를 설정하고 visibility 로 노출 여부를 제어한다. 메시지를 주고받는 것은 어떠한가? Button을 한번 살펴보 자. OnClickListener 인스턴스를 등록(메시지 송신)함으로써 버튼을 클릭하는 행위(메시

^{지 수신}에 반응할 수 있다. EditText에도 같은 원리가 적용된다. 프로퍼티_(text)를 설정함으로써 EditText의 형태를 구성하고 setOnEditorActionListener()를 호출해 메시지를 보내며, 매개변수로 전달한 람다 표현식을 통해 메시지를 받는다.

메시지 기반의 통신과 프로퍼티를 통한 환경설정은 컴포넌트를 개발 도구와 잘 어울리게 해줬다. 사실 컴포넌트 기반 UI 프레임워크의 대부분은 그림판^{drawing board} 같은 편집기에 잘 어울린다. 개발자는 드래그앤드롭을 사용해 UI를 정의한다. 컴포넌트는 프로퍼티 시트를 사용해 설정된다. 그림 2.1에서는 안드로이드 스튜디오에 있는 레이아웃 편집기를 보여준다. 여러분은 디자인^{Design} 뷰나 코드^{Code} 브라우저_(XML 파일) 또는 이 둘을 조합한 화면^{Split}으로 전환하며 사용할 수 있다.

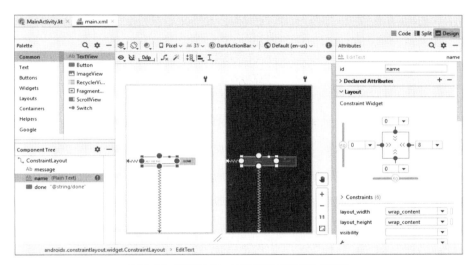

그림 2.1: 안드로이드 스튜디오의 레이아웃 편집기

이제 UI 맥락에서 컴포넌트라는 용어가 어떻게 사용되는지 좀 더 정확히 이해하게 됐다. 이를 토대로 이번에는 컴포넌트 계층 구조를 살펴본다.

컴포넌트 계층 구조

ConstraintLayout과 TextView, EditText의 XML 속성을 비교하면 태그마다 고유한 속성이 있다는 것을 발견할 수 있을 것이다. 예를 들어 android:inputType이 있을 것이다. 반면 android:layout_width와 android:layout_height는 세 태그 모두에 존재하는데, 이는 해당 요소의 크기를 정의한다. 크기와 위치는 모든 컴포넌트와 관련이 있다.

한편 특정 속성은 외형이나 행위에 영향을 미치는데, 이는 모든 종류의 UI 요소와 관련이 있진 않으며 일부 UI 요소와 관련이 있다. 예제를 한번 살펴보자. 텍스트 필드와 버튼은 화면에 나타나거나 텍스트를 전달받고 싶을 것이다. 반면 FrameLayout UI 요소는 그렇지 않다. 이렇게 생각해보자. 전문적인 속성일수록 다른 컴포넌트에서 재사용할 가능성이 낮아진다. 그러나 일반적인 속성(width, height, location, color)은 대다수의 UI 요소에 필요할 것이다.

이러한 속성을 기반으로 각각의 컴포넌트는 전문화specialization 단계를 갖는다. 예를 들어 EditText는 텍스트 입력을 다룰 수 있기 때문에 TextView보다 좀 더 구체적이다. Button은 일반적인 목적의 버튼으로, 버튼을 누르면 행위를 유발한다. 반면 CheckBox 컴포넌트는 선택 또는 해제 이렇게 둘 중 하나로 쓸 수 있다. 이러한 타입의 버튼은 두 가지 상태를 나타낼 수 있다. Switch 컴포넌트 역시 두 가지 상태를 갖는다. 이는 토글 스위치 위젯으로 두 가지 옵션을 선택할 수 있다.

객체지향 프로그래밍 언어에서는 상속을 통해 전문화의 정도를 손쉽게 모델링할 수 있다. 더욱 전문화된 UI 요소(클래스)는 일반적인 요소를 확장한다. 따라서 자주 사용되는 UI 프레임워크 대부분은 자바나 C++ 또는 C#(객체지향 언어)으로 구현됐다. 그러나 컴포넌트와 같은 개념은 다른 유형의 프로그래밍 언어로도 구현할 수 있다는 것을 아는 것도 중요하다. 따라서 객체지향을 장점으로 여길 수는 있지만 반드시 필요한 것은 아니다.

이 시점에서 다음과 같이 생각할지도 모른다. 방금 서로 다른 두 가지 방식을 섞은

거 아닌가? 어떻게 안드로이드 레이아웃 파일의 태그와 속성이 클래스와 관련이 있을 수 있는가? 라고 말이다. 앞서 XML 파일이 컴포넌트 트리로 **인플레이트**된다고 이야기했었다. 좀 더 구체적으로 이야기하면 이는 객체 트리가 되는 것이다. XML 파일에 있는 태그는 클래스명을 나타내고 속성은 해당 클래스의 멤버에 대응된다. `inflate()`는 이러한 정보에 기반을 두고 객체 트리를 생성한다.

따라서 안드로이드 레이아웃 파일은 다른 문법(XML 문법)을 사용해 자바나 코틀린 파일 외부에 있는 컴포넌트 트리를 서술한다. 레이아웃 파일은 현재 상태와 무관하게 UI를 정의하기 때문에 젯팩 컴포즈와 같은 선언적 방식은 아니다. 예를 들어 이 방식에서는 텍스트 필드가 비어있으므로 버튼을 비활성화해야 한다는 것을 고려하진 않는다. 반면 컴포즈 UI는 이러한 내용을 기반으로 선언된다.

이 절의 남은 부분에서는 안드로이드 UI 컴포넌트 몇 가지와 이들이 어떤 연관이 있는지를 자세히 살펴본다. 그전에 지금까지 배운 내용을 정리해보자.

- 모든 안드로이드 뷰는 클래스다.

- 레이아웃 파일의 태그는 클래스를, 속성은 클래스의 멤버를 나타낸다.

- `inflate()`는 객체 트리를 생성한다.

- 객체 트리를 수정해 UI를 변경한다.

안드로이드 UI 요소 중 일부는 더 구체적이다. 예를 들어 `RatingBar`는 사용자가 특정 개수의 별을 선택해 무언가를 평가할 수 있게 해준다. 다른 요소들은 더욱 일반적이다. 예를 들어 `ImageView`는 단지 이미지 리소스만 보여주고 `FrameLayout`은 자식 스택을 표시하고자 자신이 속한 화면 영역을 가린다.

안드로이드 UI 요소들이 서로 어떤 연관이 있는지 이해하고자 Hello View에서 사용했던 요소들을 좀 더 자세히 살펴보자. `ConstraintLayout`부터 시작해보자.

```
java.lang.Object
    ↳   android.view.View
        ↳   android.view.ViewGroup
            ↳   androidx.constraintlayout.widget.ConstraintLayout
```

자바에서 모든 클래스의 최상위는 java.lang.Object다. 안드로이드 프레임워크의
주요 부분은 자바와 자바의 클래스 라이브러리를 기반으로 한다. 따라서 모든 뷰는
직접 또는 간접적으로 java.lang.Object를 확장한다. ConstraintLayout의 바로
상위 부모는 android.view.ViewGroup이며 차례차례 올라가보면 android.view.
View의 자손임을 확인할 수 있다.

이번에는 android.widget.Button을 살펴보자.

```
java.lang.Object
    ↳   android.view.View
        ↳   android.widget.TextView
            ↳   android.widget.Button
```

Button의 직계 부모는 android.widget.TextView이고 부모 클래스는 android.
view.View를 확장한다. 여기서 어떠한 패턴이 있음을 확인했는가? android.view.
View는 모든 안드로이드 UI 요소의 최상위 요소가 된다. 또 다른 컴포넌트를 조사해
보면서 이 가설을 한번 확인해보자.

```
java.lang.Object
    ↳   android.view.View
        ↳   android.widget.TextView
            ↳   android.widget.EditText
```

보다시피 텍스트를 보여주거나 전달받는 컴포넌트는 일반적으로 android.widget.

TextView를 상속하며, TextView의 부모는 android.view.View가 된다.

> **주요 사항**
>
> android.view.View는 모든 안드로이드 UI 요소의 최상위 요소다. 자식 컴포넌트의 위치와 크기를
> 제어하는 모든 컴포넌트는 android.view.ViewGroup을 확장한다.

지금까지 전문화에 기반을 둔 계층 구조에서 UI 요소 체계는 잘 동작하는 것처럼 보였다. 안타깝게도 이러한 접근 방식에는 한계가 있다. 이와 관련된 내용은 다음 절에서 살펴본다.

컴포넌트 계층 구조의 한계

버튼은 일반적으로 텍스트를 노출한다. 따라서 좀 더 일반적인 텍스트 컴포넌트를 확장하는 것이 자연스러워 보인다. 앞 절에서 확인했듯이 안드로이드에서는 바로 이와 같이 처리한다. 앱에서 텍스트 대신 이미지를 보여주는 버튼이 필요하다면 어떨까? 이러한 경우에는 ImageButton을 사용할 수 있다.

```
java.lang.Object/
  ↳ android.view.View
      ↳ android.widget.ImageView
          ↳ android.widget.ImageButton
```

ImageButton 클래스는 android.widget.ImageView를 확장한다. Button이 텍스트를 노출하는 것처럼 이 컴포넌트의 목적은 이미지를 보여주는 것뿐이기 때문에 이러한 확장이 일리가 있다. 그런데 텍스트와 이미지를 모두 포함하는 버튼을 노출해야 한다면 어떨까? ImageButton과 일반 텍스트 버튼 의 가장 가까운 공통 부모는 안드로이드 UI 요소 계층 구조의 최상위 요소인 android.view.View다. 따라서

TextView에서 상속받은 Button의 모든 기능은 ImageButton에서 바로 사용할 수 없다(반대의 경우도 마찬가지다).

이는 자바가 **단일 상속** 기반이기 때문이다. 클래스는 정확히 한 개의 클래스만 확장한다. Button이 TextView와 ImageView의 기능을 모두 사용하고자 한다면 두 클래스 모두를 확장해야 하겠지만 그럴 수 없다. 자바가 **다중 상속**을 지원했다면 상황이 달라졌을까? 여러 컴포넌트의 행위를 조합할 수 있었을 수도 있지만 여전히 개별적인 속성이나 메서드 또는 일련의 기능들과 관련된 기능은 재활용할 수 없었을 것이다. 이것이 중요한 이유를 알아보자.

View 클래스는 패딩(영역 내부에 공간을 제공)에 대해서는 알고 있지만 마진(영역 바깥쪽 공간)에 대해서는 알지 못한다. 마진은 **ViewGroup**에 정의돼 있다. 따라서 컴포넌트가 마진을 사용하고 싶다면 **ViewGroup**을 확장해야만 한다. 이렇게 되면 필연적으로 기능의 필요 유무와 관계없이 이 클래스의 다른 모든 기능(예를 들어 자식 컴포넌트를 배치하는 기능)을 상속하게 된다. 컴포넌트 중심 프레임워크의 근본적인 문제는 더욱 전문화된 UI 요소를 만들고자 하나 이상의 컴포넌트의 개별 기능을 조합하는 것이 불가능하는 것인데, 이는 개별 기능을 분리할 수 없기 때문이다. 이러한 이유는 재활용이 컴포넌트 단계에서 발생하기 때문이다.

개별 기능을 재활용이 가능하게 만들려면 컴포넌트의 개념에서 벗어나야 한다. 플러터(젯팩 컴포즈의 매우 성공적인 크로스플랫폼 대안)가 한 일이 바로 그것이다. 플러터의 UI 프레임워크는 클래스 기반이면서도 완벽히 선언적이다. 플러터는 **상속보다는 구성**composition over inheritance이라 불리는 간단한 원칙에 의존한다. 이는 UI 요소(또는 UI 전체)의 외형 또는 행위는 부모를 수정하기보다는 **Container**, **Padding**, **Align** 또는 **GestureDetector**와 같은 간단한 구성 요소 간의 조합으로 정의돼야 한다는 것을 의미한다.

젯팩 컴포즈 역시 간단한 구성 요소끼리 조합하는 방식을 사용한다. 젯팩 컴포즈에서는 클래스 대신 컴포저블 함수를 사용한다. 컴포저블 함수로 넘어가기 전에 컴포넌트 방식의 또 다른 잠재적인 문제를 간략히 알아보자.

앞에서 살펴본 바와 같이 클래스 기반의 UI 컴포넌트 프레임워크에서는 상속을 통해 전문화^{specialization}를 모델링한다. 전문화된 클래스(기능이 새롭게 추가되거나 모습이 새로워지거나 또는 부모와는 조금 다른 동작을 갖게 될 수도 있다)는 좀 더 일반적인 버전의 클래스를 확장한다. 그러나 대부분의 객체지향 프로그래밍 언어는 상속을 금지하는 기능을 제공한다. 예를 들어 final로 표기된 자바 클래스나 open 키워드가 없는 코틀린 클래스는 확장할 수 없다.

따라서 프레임워크 개발자는 추가적인 상속을 막고자 심사숙고한 결정을 내릴 수 있다. UI 요소 간 간격을 만들어주는 android.widget.Space는 가벼운 View의 서브 클래스로, final로 정의돼 있다. android.view.ViewStub에도 동일한 방식이 적용돼 있다. ViewStub은 화면에 보이지 않는 크기가 0인 View로, 런타임에서 레이아웃 리소스의 인플레이트를 지연시키는 데 사용된다. 다행히 대부분의 안드로이드 UI 요소는 확장할 수 있다. 그리고 두 예제 모두 확장이 불필요해 보인다. 따라서 이러한 잠재적인 문제는 전혀 발생하지 않을지도 모른다. 중요한 점은 상속이 아닌 구성을 기반으로 하는 프레임워크에서는 이러한 것이 전혀 문제가 되지 않는다는 것이다.

함수를 통한 UI 구성

이제 컴포저블 함수로 돌아올 시간이다. 이번 절에서는 Factorial 샘플 앱을 살펴볼 것이다(그림 2.2). 사용자가 0에서 9까지 숫자 중 하나를 고르면 다음과 같이 해당 숫자의 팩토리얼(해당 숫자와 0보다 크고 해당 숫자보다 작은 모든 정수와의 곱)을 계산하고 출력한다.

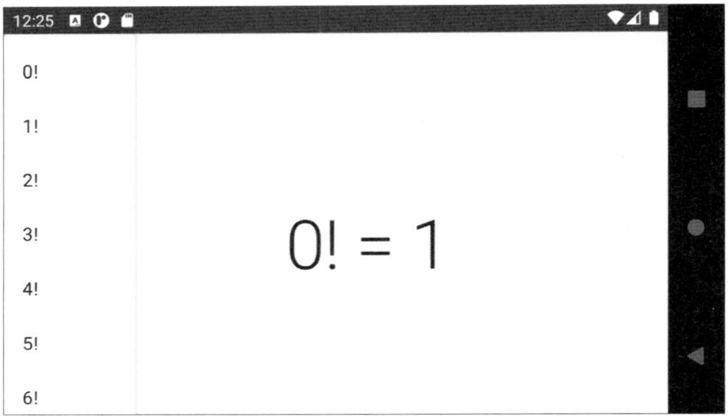

그림 2.2: 팩토리얼 앱

다음은 출력 텍스트를 생성하는 간단한 함수다.

```kotlin
fun factorialAsString(n: Int): String {
    var result = 1L
    for (i in 1..n) {
        result *= i
    }
    return "$n! = $result"
}
```

음의 정수가 아닌 n의 팩토리얼은 n보다 작거나 같은 모든 양의 정수의 곱을 나타낸다. 따라서 결과는 1과 n 사이의 모든 정수를 곱해 쉽게 계산할 수 있다. 코틀린에서 Long 타입의 최댓값은 9,223,372,036,854,775,807임을 기억하자. 따라서 result가 이보다 더 큰 값이면 팩토리얼을 구현한 코드는 동작하지 않을 것이다.

이번에는 UI를 어떻게 구성하는지 살펴보자.

```kotlin
@Composable
fun Factorial() {
```

```
var expanded by remember { mutableStateOf(false) }
var text by remember { mutableStateOf(factorialAsString(0)) }
Box(
  modifier = Modifier.fillMaxSize(),
  contentAlignment = Alignment.Center
) {
  Text(
    modifier = Modifier.clickable {
      expanded = true
    },
    text = text,
    style = MaterialTheme.typography.h2
  )
  DropdownMenu(
    expanded = expanded,
    onDismissRequest = {
      expanded = false
    }) {
    for (n in 0 until 10) {
      DropdownMenuItem(onClick = {
        expanded = false
        text = factorialAsString(n)
      }) {
        Text("${n.toString()}!")
      }
    }
  }
}
}
```

Factorial() 컴포저블 함수는 미리 정의된 컴포저블 함수인 Box()를 갖는다.
Box()는 결국에는 Text()와 DropdownMenu() 이렇게 두 개의 자식 컴포저블 함수를
갖는다. Text()와 Box()는 1장에서 간략히 소개했다. 이번에는 DropdownMenu()에
집중하자.

드롭다운 메뉴(Spinner와 동일)는 목록을 간결하게 나타낸다. 드롭다운 메뉴는 다음과 같은 요소와 상호작용할 때 나타난다.

- 아이콘 또는 버튼

- 사용자가 특정 동작을 수행할 때

예제의 경우 Text() 컴포저블 함수가 반드시 선택돼야 한다.

메뉴의 내용물은 for 루프문을 사용하거나 하나씩 추가하는 방식을 사용해 나타 낼 수 있다. 필수는 아니지만 주로 DropdownMenuItem()이 사용된다. 메뉴가 확장 되는 것은(메뉴가 열리거나 화면에 보이는 걸 의미한다) expanded 매개변수에 의해 제어된다. onDismissRequest는 아무것도 선택하지 않고 메뉴를 닫는 동작에 반응하고자 사용 된다. DropdownMenuItem()은 onClick 매개변수로 클릭 핸들러를 받는다. 클릭 핸 들러는 아이템을 클릭했을 때 실행된다.

지금까지 컴포저블 함수에 대해 꽤 많은 정보를 살펴봤다. 계속 진행하기 전에 지금 까지 알아본 내용을 정리해보자.

- 컴포즈 UI의 진입점은 컴포저블 함수다.

- 거기서부터 다른 컴포저블 함수가 호출된다.

- 컴포저블 함수는 주로 content 매개변수를 전달받는데, 이는 다른 컴포저블 함수다.

- 호출 순서는 다른 UI 요소와 비교해 UI 요소가 위치할 곳을 제어한다.

Factorial() 함수가 어떻게 동작하는지 계속 살펴보자. 함수에서는 expanded와 text 이렇게 두 개의 변수를 정의한다. 그런데 이러한 변수는 어떻게 사용될까? 안드로이드 레이아웃 파일은 초기 상태로 컴포넌트 트리를 정의하는 반면 컴포저블 UI는 항상 실제 데이터를 사용해 정의된다. 이는 UI가 화면에 처음 나타나기 전에 이를 설정하거나 준비할 필요가 없다는 것을 의미한다. 컴포저블 UI는 화면에 나타날 때마다 여러분이 원하는 모습대로 나타날 것이다. 컴포저블 UI가 어떻게 동작하는지 살펴보자.

대부분의 컴포저블 함수는 여러 매개변수로 설정된다. 매개변수 중 일부는 필수고 나머지는 생략할 수 있다. 중요한 점은, 컴포저블 함수는 항상 실제 값으로 호출된다는 것이다. 반면 컴포넌트(여기서는 뷰를 의미한다)는 생성 시점에 초기화된다. 그리고 프로퍼티 값이 변경돼 뷰를 의도적으로 수정하기 전까지 이러한 방식으로 유지된다. 이것이 바로 앱에서 변경하고자 하는 모든 컴포넌트(UI 컴포넌트)의 참조를 유지해야 하는 이유다. 그러면 컴포즈 UI는 어떻게 갱신되는 걸까?

컴포즈 UI를 업데이트하는 일련의 과정을 재구성^{recomposition}이라 부른다. 이 과정은 UI의 일부인 컴포저블 함수가 업데이트돼야 할 때마다 자동으로 발생한다. UI의 모습이나 행위(매개변수)에 영향을 주는 값 중 일부가 변경되는 것이 이에 해당된다. Text()에 항상 동일한 텍스트를 전달한다면 UI를 재구성할 필요가 없다. 반면 젯팩 컴포즈가 UI 변경이 필요하다고 판단되는 값을 전달한다면 컴포즈 런타임은 변경이 일어나면 재구성 방식을 사용해 UI 업데이트를 수행할 것이다. 시간이 지나면서 변경되는 값을 상태^{state}라고 부른다. mutableStateOf()를 사용하면 상태를 생성할 수 있다. 컴포저블 함수에서 상태를 참조하려면 컴포저블 함수에서 이를 기억^{remember}해야 한다.

expanded와 text 모두 상태를 포함한다. 이러한 변수가 컴포저블 함수에서 매개변수로 사용되면 변수의 값이 변경될 때마다 컴포저블 함수는 재구성될 것이다. expanded를 true로 설정하면 드롭다운 메뉴가 화면에 즉시 나타난다. 이는 clickable { }에 전달한 람다 함수 내부에서 처리된다. 관련 내용은 다음 절에서 살펴본다. text에 새로운 값을 전달하면 text 변수를 동일한 이름을 가진 매개변수의 값으로 전달하기 때문에 Text() 화면이 변경된다. 예제에서 이 동작은 onClick으로 전달한 코드 블록 내부에서 일어난다.

UI가 상태에 기반을 두게 선언하고자 컴포넌트 트리(수동으로 업데이트해야만 한다)를 제거하고 이로 인해 상태가 변경되면 별도 비용 없이 화면을 업데이트하는 것은 아마 선언적 접근 방식이 갖는 가장 흥미로운 장점 중 하나일 것이다. 다음 절에서 컴포넌트 기반 UI 프레임워크와 선언적 UI 프레임워크의 아키텍처적 원칙을 좀 더 알아본다.

⫶⫶⫶ 아키텍처 관점에서 설명

'컴포넌트 계층 구조' 절에서 컴포넌트 기반 UI 프레임워크는 전문화에 의존한다는 것을 보여줬다. 일반적인 기능과 개념은 최상위 컴포넌트나 직속 하위 컴포넌트에 구현된다. 일반적인 기능은 다음 사항을 포함한다.

- 화면의 위치와 크기

- 배경(색상)과 같은 기본적인 시각적 측면

- 간단한 사용자 상호작용(클릭에 반응)

모든 컴포넌트는 전문화된 방식이나 기본 구현을 통해 이러한 기능을 제공할 것이다. 안드로이드 뷰 시스템은 클래스 기반이기 때문에 부모 메서드를 재정의해 기능을 변경하게 된다.

반면 컴포저블 함수는 공유되는 일련의 프로퍼티가 존재하지 않는다. @Composable 어노테이션을 함수에 추가하는 것으로 젯팩 컴포즈의 특정 부분에서 함수를 인지하게 할 수 있다. 반환 타입을 명시하지 않는다는 점 이외에 컴포저블 함수는 공통적인 부분이 거의 없는 것처럼 보인다. 그러나 이는 매우 근시안적인 아키텍처 관점의 판단일지도 모른다. 사실 젯팩 컴포즈는 단순하고 예측할 수 있는 API를 정말 쉽게 제공할 수 있게 해준다. 이 절의 후반부에서 클릭 동작에 반응하는 방법과 UI 요소의 크기와 위치를 조절하는 방법을 보여줌으로써 이를 알아본다.

클릭 동작에 반응

안드로이드 View 클래스에는 setOnClickListener()라 불리는 메서드가 있다. 이 메서드는 View.OnClickListener 인스턴스를 전달받는다. 이 인터페이스는 onClick (View v)라는 메서드 한 개를 포함하고 있다. 이 메서드의 구현체는 뷰를 클릭했을 때 실행해야 하는 코드를 제공한다. 추가적으로 clickable이라는 뷰 프로퍼티가 존재한다. 이 프로퍼티는 setClickable()과 isClickable()로 접근한다. 리스너가 설정된 다음 clickable을 false로 설정하면 클릭 이벤트는 전달되지 못할 것이다 _{(onClick()이 호출되지 않는다)}.

젯팩 컴포즈는 두 가지 방식으로 클릭 이벤트 처리를 제공할 수 있다. 첫 번째로 클릭 이벤트 처리를 필요로 하는 컴포저블 함수_(함수에서 이 기능이 핵심이기 때문이다)는 전용 onClick 매개변수를 갖는다. 두 번째로 클릭 이벤트 처리가 필요하지 않은 컴포저블 함수는 변경자^{modifier}로 수정할 수 있다. 첫 번째 방식부터 시작해보자.

```kotlin
@Composable
@Preview
fun ButtonDemo() {
  Box {
    Button(onClick = {
      println("clicked")
    }) {
      Text("Click me!")
    }
  }
}
```

onClick이 필수인 점을 기억하자. 반드시 제공해야만 한다.

버튼을 노출하지만 사용자가 클릭할 수 없게 하고 싶을 경우 코드는 다음과 같은 형태가 될 것이다.

```
Button(
  onClick = {
    println("clicked")
  },
  enabled = false
) {
  Text("Click me!")
}
```

그림 2.3은 enabled가 true나 false에 따라 버튼이 어떤 모습이 되는지 보여준다.

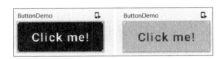

그림 2.3: enabled = true 또는 false일 때의 버튼

Text()에는 onClick 프로퍼티가 없다. 이를 클릭 가능하게 만들고 싶다면(Factorial 앱에서 처리했던 것처럼) modifier 매개변수에 clickable { ... }을 전달한다.

```
modifier = Modifier.clickable { ...
```

변경자는 이름에서 예측할 수 있듯이 컴포저블 함수의 시각적인 모습이나 행위 모두에 영향을 미치는 기반 사항을 제공한다. 다음 절에서 변경자와 관련된 또 다른 예제를 보여준다. 이는 3장에서 훨씬 더 자세히 다룬다.

UI 요소 크기 조절과 배치

컴포넌트 중심의 UI 프레임워크에서는 크기와 위치를 화면(또는 다른 컴포넌트에 상대적으로)에 나타내는 프로퍼티가 핵심 프로퍼티다. 이들 프로퍼티는 최상위 컴포넌트(안드로이드에서는 View 클래스)에 정의된다. ViewGroup에서 파생된 컴포넌트는 관련 프로퍼티를 변경해 자식 컴포넌트의 크기와 위치를 지정한다. 예를 들어 RelativeLayout은 toStartOf, toEndOf 또는 그 이하에 있는 명령을 기반으로 한다. FrameLayout은 스택에 자식 컴포넌트를 그린다. 그리고 LinearLayout은 자식 컴포넌트를 수평 또는 수직으로 배치시킨다. 따라서 ...Layout은 자식 컴포넌트의 크기와 위치를 조정하는 능력을 갖는 컨테이너라고 볼 수 있다.

젯팩 컴포즈도 매우 유사한 개념을 갖는다. 이미 콘텐츠를 수평 또는 수직으로 배치하는 Row()와 Column()을 살펴봤다. Box()는 FrameLayout과 유사하다. Box()는 코드로 작성한 순서에 따라 콘텐츠를 구성한다. 박스 내부에서 위치는 contentAlignment로 제어한다.

```
@Composable
@Preview
fun BoxDemo() {
    Box(contentAlignment = Alignment.Center) {
        Box(
            modifier = Modifier
                .size(width = 100.dp, height = 100.dp)
                .background(Color.Green)
        )
        Box(
            modifier = Modifier
                .size(width = 80.dp, height = 80.dp)
                .background(Color.Yellow)
        )
        Text(
            text = "Hello",
            color = Color.Black,
            modifier = Modifier.align(Alignment.TopStart)
        )
    }
}
```

콘텐츠는 modifier = Modifier.align()을 사용해 위치를 재정의할 수 있으며, 결과는 그림 2.4에서 확인할 수 있다.

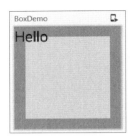

그림 2.4: 두 개의 색상이 있는 박스와 텍스트를 포함하는 보이지 않는 박스

변경자는 크기를 요청하는 데도 사용할 수 있다. 예제에서 Modifier.fillMaxSize()를 사용하는 것을 발견했을 것이다. 이 함수는 컴포저블 함수를 가능한 한 크게 만들어준다. Modifier.size()는 특정 크기를 요청한다. 변경자는 체이닝이 가능하다. 이러한 체이닝의 최상위는 **Modifier** 동반 객체^{companion object}다. 뒤를 잇는 변경자는 점^{dot} 표기법을 사용해 추가한다.

2장을 마무리하기 전에 한 가지 예를 더 들어 변경자 개념의 장점을 강조하고자 한다. 첫 번째와 두 번째 콘텐츠 박스에서 background() 변경자를 발견했는가? 이 변경자는 컴포저블 함수에 배경색을 설정할 수 있게 해준다. 컴포저블 함수가 제공하지 않는 기능이 필요한 경우에는 변경자를 사용해 기능을 추가할 수 있다. 커스텀 변경자를 작성할 수 있으므로 필요에 따라 컴포저블 함수를 적절히 조절할 수 있는 가능성은 거의 무한에 가깝다. 관련 내용은 3장에서 상세히 다룬다.

⁝ 요약

2장에서는 컴포넌트 중심의 UI 프레임워크의 핵심 요소를 살펴봤다. 이러한 접근 방식의 몇 가지 한계점과 선언적 패러다임이 이를 어떻게 극복할 수 있는지도 살펴봤다. 예를 들어 전문화는 컴포넌트 단계에서 이뤄진다. 프레임워크가 상속을 기반으로 한다면 자식으로의 기능 배포가 매우 광범위해질 수 있다. 젯팩 컴포즈는 변경자 메커니즘을 사용해 이러한 문제를 해결한다. 변경자 메커니즘은 매우 세분화된 단계에서 기능을 수정하게 해준다. 이는 컴포저블 함수가 필요한 기능만 갖는다는 것을 의미한다(예를 들면 배경색).

이 책의 나머지 장에서는 선언적 접근 방식만 사용한다. 3장에서는 컴포저블 함수를 더욱 자세히 살펴보고 구성과 재구성의 개념을 알아본다. 그리고 약속한 대로 변경자도 깊이 있게 살펴본다.

03

컴포즈 핵심 원칙 자세히 알아보기

1장에서는 젯팩 컴포즈 앱을 처음으로 빌드하고 실행해봤다. 그리고 2장에서는 안드로이드의 전통적인 UI 툴킷에서 명령적 접근 방식의 본질을 설명하고, 이러한 접근 방식의 몇 가지 문제점을 확인한 후 선언적 접근 방식이 이를 어떻게 극복할 수 있는지 살펴봤다.

3장에서는 젯팩 컴포즈가 의존하고 있는 몇 가지 핵심 원칙을 검토함으로써 이러한 기반 지식을 키워나간다. 잘 동작하는 컴포즈 앱을 개발하려면 이러한 지식이 꼭 필요하다. 3장에서는 이러한 핵심 원칙을 소개한다.

3장에서 다루는 내용은 다음과 같다.

- 컴포저블 함수 자세히 살펴보기
- 사용자 인터페이스^{UI} 구성과 재구성
- 컴포저블 함수 행위 수정

먼저 컴포저블 UI의 구성 요소인 컴포저블 함수를 다시 살펴보는 것부터 시작할

것이다. 이번에는 컴포저블 함수의 근본적인 생각과 개념을 훨씬 더 깊게 파고들 것이다. 첫 번째 절이 끝날 무렵이면 컴포저블 함수란 무엇인지, 함수를 어떻게 작성하는지, 함수가 어떻게 사용되는지를 완벽히 이해할 수 있다.

그 다음 절에서는 UI를 생성하고 갱신하는 데 중점을 둔다. 다른 UI 프레임워크에서 다시 그리기^{repainting}라 부르는 동작을 어떻게 구현했는지 살펴본다. 컴포즈에서 **재구성**^{recomposition}이라 부르는 이 메커니즘은 UI와 관련된 부분이 변경될 때마다 자동으로 수행된다. 이러한 처리를 능수능란하게 하려면 컴포저블 함수가 몇 가지 모범 사례를 잘 따라야만 한다. 이 절에서 이러한 모범 사례를 알아본다.

변경자 개념에 대한 지식을 확장하는 것으로 3장을 마무리한다. 변경자 체이닝의 동작 방식을 좀 더 자세히 살펴보고 항상 의도된 결과를 얻으려면 명심해야 할 것들도 알아본다. 또한 커스텀 변경자를 구현하는 방법도 알아본다. 이를 통해 어떠한 컴포저블 함수의 모습이나 행위도 정확히 여러분이 생각한 대로 동작하게 수정할 수 있다.

이제 시작해보자.

⋮⋮ 기술 요구 사항

안드로이드 스튜디오를 설치하고 설정하는 방법과 샘플 앱을 다운로드하는 방법은 1장의 '기술 요구 사항' 절을 참고하자. 이 책의 깃허브 리포지터리 https://github.com/PacktPublishing/Android-UI-Development-with-Jetpack-Compose의 최상위 디렉토리에 있는 Sandbox 앱을 사용하면 '컴포저블 함수 자세히 살펴보기' 절의 `ShortColoredTextDemo()`와 `ColoredTextDemo()` 컴포저블 함수를 사용해볼 수 있다. `SandboxActivity`를 열고 /chapter_03 폴더에 있는 code_snippets.txt에서 컴포저블 함수를 복사하면 된다.

⋮⋮ 컴포저블 함수 자세히 살펴보기

컴포즈 앱의 UI는 컴포저블 함수를 작성하고 호출해 만들어진다. 이미 2장에서 알아봤지만 컴포저블 함수의 구조와 내부에 대한 설명은 매우 기본적인 내용이었다. 이제 보충할 시간이다.

컴포저블 함수의 구성 요소

컴포저블 함수^{composable function}는 @Composable 어노테이션을 포함하는 코틀린 함수다. 어노테이션이 컴포즈 컴파일러에 해당 함수가 데이터를 UI 요소로 변환한다는 것을 알리기 때문에 모든 컴포저블 함수는 반드시 이러한 방식으로 표시돼야 한다.

코틀린 함수 시그니처는 다음 내용이나 구성 요소로 이뤄진다.

- 선택 사항인 가시성 변경자(private, protected, internal 또는 public)

- fun 키워드

- 함수명

- 매개변수 목록(빈 목록일 수도 있다) 또는 선택적으로 기본값 채택

- 선택 사항인 반환 타입

- 코드 블록

이러한 내용을 더 자세히 알아보자.

가시성 변경자의 기본값(변경자를 생략할 경우)은 public이다. 이는 어디서나 (컴포저블) 함수를 호출할 수 있다는 의미다. 함수를 재사용하는 것을 염두에 둔다면(예를 들면 브랜드에 어울리는 스타일의 텍스트) 이 함수는 어디에서나 사용할 수 있어야 한다. 반면 함수가 특정 문맥^{context}과 관련이 있다면(클래스와 같은 코드 영역) 함수의 접근을 제한하는 것이 알맞을 것이다. 함수의 가시성을 얼마나 엄격하게 제한해야 하는지는 열띤 토론이 있을

수 있다. 결국에는 여러분과 여러분의 팀은 한 가지 견해로 일치하고 이를 고수해 나가야만 한다. 단순함을 위해 예제에서는 보통 `public`을 주로 사용한다.

컴포저블 함수명에는 파스칼^{PascalCase} 표기법을 사용한다. 파스칼 표기법은 대문자로 시작하지만 나머지 문자는 소문자로 나타낸다. 함수명이 두 단어 이상으로 돼 있다면 각각의 단어는 다음의 규칙을 따른다. 이름은 명사(Demo)가 되거나 서술형 형용사를 접두어로 갖는 명사(FancyDemo)여야 한다. 다른 일반적인 코틀린 함수와는 다르게 컴포저블 함수는 동사 또는 동사구(getDataFromServer)가 될 수 없다. 젯팩 컴포즈 API 안내 지침에서 명명 규칙을 자세히 기술해놨으며, https://github.com/androidx/androidx/blob/androidx-main/compose/docs/compose-api-guidelines.md에서 확인할 수 있다.

컴포저블 함수에 전달하고자 하는 모든 데이터는 쉼표로 나눠진 목록으로 전달되며, 이 목록은 소괄호로 둘러싸인다. 컴포저블 함수가 값을 필요로 하지 않는다면 이 목록은 비어있게 된다. 다음은 두 개의 매개변수를 받을 수 있는 컴포저블 함수다.

```
@Composable
fun ColoredTextDemo(
    text: String = "",
    color: Color = Color.Black
) {
    Text(
        text = text,
        style = TextStyle(color = color)
    )
}
```

코틀린에서는 함수 매개변수를 이름: 타입과 같은 형태로 정의한다. 매개변수는 쉼표로 나눠진다. = ...을 사용하면 기본값을 명시할 수 있다. 기본값은 함수가 호출됐을 때 특정 매개변수에 값이 전달되지 않은 경우에 사용된다.

함수의 반환 타입은 선택 사항이다. 이 경우 함수는 Unit을 반환한다. Unit은 Unit 이라는 하나의 값만 갖는 타입이다. 반환 타입을 예제처럼 생략한다면 함수 몸체는 매개변수 목록 바로 뒤로 따라온다. 여러분이 작성할 컴포저블 함수의 대부분은 어떠한 것도 반환할 필요가 없기 때문에 반환 타입이 필요하지 않다. 반환 타입이 필요한 상황은 '값 반환' 절에서 다룬다.

함수 코드가 하나 이상의 명령문이나 표현식을 포함하는 경우에는 코드를 중괄호로 감싼다. 코틀린은 하나의 표현식만 실행돼야 하는 경우를 위한 멋진 축약어를 제공한다. 젯팩 컴포즈 자체에서 이를 매우 빈번히 사용한다.

```
@Composable
fun ShortColoredTextDemo(
    text: String = "",
    color: Color = Color.Black
) = Text(
    text = text,
    style = TextStyle(color = color)
)
```

보다시피 표현식이 등호 뒤에 따라온다. 즉, ShortColoredTextDemo()는 Text()가 반환하는 것을 반환한다는 의미다.

자바와는 달리 코틀린은 void 키워드를 알지 못한다. 따라서 모든 함수는 무언가를 반환해야만 한다. 반환 타입을 생략함으로써 함수의 반환 타입이 kotlin.Unit임을 코틀린에 암시적으로 알리게 된다. 이 타입은 Unit 객체 하나만 갖는다. 그러므로 Unit은 자바의 void에 해당한다.

컴포저블 함수 호출의 결괏값을 출력해 이를 시험해보자.

```kotlin
class SandboxActivity : ComponentActivity() {
    override fun onCreate(savedInstanceState: Bundle?) {
        super.onCreate(savedInstanceState)
        setContent {
            println(ColoredTextDemo(
                text = "Hello Compose",
                color = Color.Blue
            ))
        }
    }
}
```

앱을 실행하면 다음 내용이 출력될 것이다.

```
I/System.out: kotlin.Unit
```

흥미로워 보이지 않을지도 모르지만 여기에 함축된 의미는 심오하다. 한번 생각해
보자. ColoredTextDemo() 컴포저블 함수는 흥미로운 것을 반환하지 않았음에도
불구하고 화면에는 텍스트가 출력된다. 이와 같은 현상은 컴포저블 함수가 Text()
라는 또 다른 컴포저블 함수를 호출했기 때문에 발생했다. 따라서 텍스트를 출력하
는 데 필요한 모든 것은 Text() 내부에서 발생해야 하며 컴포저블 함수의 반환값과
는 관련이 있을 수 없다.

앞 절에서 컴포저블 함수는 UI 요소를 내보낸다[emit]고 했다. 다음 절에서 그 의미를
알아본다.

UI 요소 내보내기

컴포즈 UI는 젯팩 컴포즈 라이브러리나 다른 개발자의 코드 또는 앱에서 제공하는
컴포저블 함수를 중첩으로 호출해 만들어진다.

ColoredTextDemo()에서 androidx.compose.material.Text()가 호출되면 어떤 일이 일어나는지 알아보자. 안드로이드 스튜디오에서 컴포저블 함수의 소스코드를 확인하려면 Ctrl 키를 누른 상태에서 함수명을 클릭한다(맥에서는 cmd 키를 누른다).

> **참고 사항**
>
> 여기서는 중요한 단계만 보여준다. 그렇지 않으면 너무 많은 코드를 복사해야만 하기 때문이다. 최상의 학습 효과를 얻고자 한다면 IDE에서 호출 체인을 직접 따라가자.

Text()는 두 변수인 textColor와 mergedStyle을 정의하고 있으며, androidx.compose.foundation.text.BasicText()에 변수를 전달한다. 코드에서 BasicText()를 사용할 수도 있지만 Text()는 테마의 스타일 정보를 사용하기 때문에 가능하다면 androidx.compose.material.Text()를 선택해야 한다. 테마에 대한 추가적인 정보는 6장을 참고한다.

BasicText()는 즉시 CoreText()에 위임한다. 이 함수 역시 androidx.compose.foundation.text 패키지에 포함돼 있다. CoreText()는 내부 컴포저블 함수로, 이는 앱에서는 사용할 수 없다는 것을 의미한다.

CoreText()는 수많은 변수를 초기화하고 기억한다. 여기서 모든 걸 설명할 필요는 없지만 가장 중요한 부분은 또 다른 컴포저블 함수인 Layout()을 호출한다는 것이다.

Layout()은 androidx.compose.ui.layout 패키지에 포함돼 있다. Layout()은 레이아웃을 위한 핵심 컴포저블 함수로, 함수의 목적은 자식 요소의 크기와 위치를 지정하는 데 있다. 이는 4장에서 더욱 자세히 다룬다. 당장은 UI 요소를 내보낸다는 것의 의미를 알아야 한다. Layout()이 하는 일을 살펴보자.

```
66  @Suppress( …names: "ComposableLambdaParameterPosition")
67  @Composable inline fun Layout(
68      content: @Composable () -> Unit,
69      modifier: Modifier = Modifier,
70      measurePolicy: MeasurePolicy
71  ) {
72      val density = LocalDensity.current
73      val layoutDirection = LocalLayoutDirection.current
74      ReusableComposeNode<ComposeUiNode, Applier<Any>>(
75          factory = ComposeUiNode.Constructor,
76          update = {   this: Updater<ComposeUiNode>
77              set(measurePolicy, ComposeUiNode.SetMeasurePolicy)
78              set(density, ComposeUiNode.SetDensity)
79              set(layoutDirection, ComposeUiNode.SetLayoutDirection)
80          },
81          skippableUpdate = materializerOf(modifier),
82          content = content
83      )
84  }
```

그림 3.1: Layout() 소스코드

Layout()은 ReusableComposeNode()를 호출한다. 이 함수는 androidx.compose.
runtime 패키지에 포함돼 있다. 이 컴포저블 함수는 흔히 노드[Node]라고 하는 UI 요
소 계층 구조를 내보낸다. 노드는 팩토리를 통해 생성되며 이 팩토리는 factory
인자로 전달된다. update와 skippableUpdate 매개변수는 각각 코드를 전달받는데,
전자는 노드에서 업데이트를 수행하는 코드를, 후자는 변경자를 조작하는 코드를
전달받는다(3장 끝부분에서 관련 내용을 자세히 살펴본다). 마지막으로 content는 자식 노드가 되는
컴포저블 함수를 포함한다.

> **참고 사항**
>
> UI 요소를 내보내는 컴포저블 함수를 말할 때는 젯팩 컴포즈 내부에 있는 자료 구조에 노드가 추가된
> 다는 것을 의미한다. 이는 결국 UI 요소를 화면에 나타나게 할 것이다.

호출 체이닝을 완료하려면 ReusableComposeNode()를 간략히 살펴보자.

```
411    @Composable @ExplicitGroupsComposable
412    inline fun <T, reified E : Applier<*>> ReusableComposeNode(
413        noinline factory: () → T,
414        update: @DisallowComposableCalls Updater<T>.() → Unit,
415        noinline skippableUpdate: @Composable SkippableUpdater<T>.() → Unit,
416        content: @Composable () → Unit
417    ) {
418        if (currentComposer.applier !is E) invalidApplier()
419        currentComposer.startReusableNode()
420        if (currentComposer.inserting) {
421            currentComposer.createNode(factory)
422        } else {
423            currentComposer.useNode()
424        }
425        currentComposer.disableReusing()
426        Updater<T>(currentComposer).update()
427        currentComposer.enableReusing()
428        SkippableUpdater<T>(currentComposer).skippableUpdate()
429        currentComposer.startReplaceableGroup( key: 0x7ab4aae9)
430        content()
431        currentComposer.endReplaceableGroup()
432        currentComposer.endNode()
433    }
```

그림 3.2: ReusableComposeNode() 소스코드

currentComposer는 androidx.compose.runtime.Composables.kt에 있는 최상위 변수다. 이 변수의 타입은 Composer로, 인터페이스다. Composer는 젯팩 컴포즈 코틀린 컴파일러 플러그인에 의해 인식되며, 코드 생성 헬퍼에 의해 사용된다. 코드에서 이를 직접 호출해서는 안 된다. ReusableComposeNode는 새로운 노드가 생성돼야 할지 또는 기존 노드를 재사용해야 할지를 결정한다. 그러고 나서 업데이트를 수행하고 마지막으로 content()를 호출해 콘텐츠를 노드에 내보낸다.

지금까지 알고 있는 내용을 기반으로 노드를 좀 더 자세히 알아보다. Layout()은 ReusableComposeNode에 ComposeUiNode.Constructor를 factory 인자로 전달한다. 이 인자는 노드를 생성할 때 사용된다(currentComposer.createNode(factory)). 따라서 노드의 기능은 ComposeUiNode 인터페이스에 정의된다.

```
   Interface extracted from LayoutNode to not mark the whole LayoutNode class as @PublishedApi.

27    @PublishedApi
28 ●↓ internal interface ComposeUiNode {
29 ●↓    var measurePolicy: MeasurePolicy
30 ●↓    var layoutDirection: LayoutDirection
31 ●↓    var density: Density
32 ●↓    var modifier: Modifier
33

      Object of pre-allocated lambdas used to make use with ComposeNode allocation-less.

37    companion object {
38        val Constructor: () → ComposeUiNode = LayoutNode.Constructor
39        val SetModifier: ComposeUiNode.(Modifier) → Unit = { this.modifier = it }
40        val SetDensity: ComposeUiNode.(Density) → Unit = { this.density = it }
41        val SetMeasurePolicy: ComposeUiNode.(MeasurePolicy) → Unit =
42            { this.measurePolicy = it }
43        val SetLayoutDirection: ComposeUiNode.(LayoutDirection) → Unit =
44            { this.layoutDirection = it }
45    }
46 }
```

그림 3.3: ComposeUiNode 소스코드

노드는 다음의 클래스나 인터페이스로 정의된 네 개의 프로퍼티를 갖는다.

- MeasurePolicy

- LayoutDirection

- Density

- Modifier

본질적으로 노드는 컴포즈 계층 구조의 요소다. 노드는 젯팩 컴포즈의 내부 동작의 일부로, 앱으로 노출되지 않기 때문에 여러분의 코드에서 이를 다루지는 않을 것이다. 그러나 이 책을 보는 내내 MeasurePolicy, LayoutDirection, Density, Modifier를 확인할 수 있을 것이다. 이들은 앱과 관련된 중요한 자료 구조와 개념을 나타낸다.

이것으로 UI 요소가 어떻게 내보내는지에 대한 조사를 마친다(노드는 젯팩 컴포즈 내부 자료 구조에 추가된다). 다음 절에서는 값을 반환하는 컴포저블 함수를 살펴본다.

값 반환

컴포저블 함수 대부분은 무언가를 반환할 필요가 없기 때문에 반환 타입을 명시하지 않을 것이다. 이는 컴포저블 함수의 주목적이 UI를 구성하는 것이기 때문이다. 앞 절에서 살펴본 것처럼 컴포저블 함수는 UI 요소나 계층 구조를 내보내는 일을 수행한다. 그렇다면 언제 Unit이 아닌 다른 값을 반환해야 할까?

일부 예제에서는 나중에 사용할 수 있도록 상태를 유지하고자 remember { }를 호출하고 strings.xml 파일에 저장된 문자열에 접근하고자 stringResource()를 호출한다. 작업을 수행할 수 있게 하려면 이들 모두 컴포저블 함수여야 한다.

왜 그런지 stringResource()를 살펴보자. Ctrl 키를 누른 상태에서 함수의 이름을 클릭하면 해당 함수의 소스코드를 확인할 수 있다는 것을 기억하자. 함수는 매우 짧으며 두 가지 일만을 수행한다.

```
val resources = resources()
return resources.getString(id)
```

resources() 역시 컴포저블 함수다. 함수는 LocalContext.current.resources를 반환한다. LocalContext는 androidx.compose.ui.platform 패키지에 포함돼 있는 AndroidCompositionLocals.android.kt 파일에 정의된 최상위 변수다. 이 변수는 android.content.Context를 갖는 StaticProvidableCompositionLocal의 인스턴스를 반환한다. 이 객체는 리소스에 접근할 수 있게 해준다.

반환된 데이터가 젯팩 컴포즈와는 아무런 관련이 없을지라도 이 데이터를 받는 코드는 반드시 젯팩 컴포즈 메커니즘을 따라야만 한다. 결국에 이 데이터는 컴포저블 함수에서 호출될 것이기 때문이다. 기억해야 할 중요한 점은 구성이나 재구성의 일부인 무언가를 반환해야 한다면 그 함수는 반드시 @Composable 어노테이션을 포함한 컴포저블 함수로 만들어야 한다는 것이다. 또한 이러한 함수는 컴포저블 함수의 명명 규칙을 따르지 않고 카멜^{camelCase} 표기법(소문자로 시작하며 그다음에 오는 단어는 대문자로 시작한다)을 따르며 동사구(rememberScrollState)로 구성된다.

다음 절에서는 앱에서 UI를 조합하는 내용으로 돌아갈 것이다. 여기서는 **구성**^{composition}과 **재구성**^{recomposition}이라는 용어를 좀 더 자세히 살펴본다.

⠿ UI 구성과 재구성

명령형 UI 프레임워크와는 달리, 젯팩 컴포즈는 앱 데이터가 변경돼 UI가 변경돼야 하는 경우 개발자가 선제적으로 컴포넌트 트리를 변경하는 행위에 의존하지 않는다. 대신 젯팩 컴포즈는 이러한 변화를 자체적으로 감지하고 영향을 받는 부분만 갱신한다.

알다시피 컴포즈 UI는 현재 앱 데이터를 기반으로 선언된다. 앞선 예제에서 어떠한 컴포저블 함수가 호출될지 또는 어떠한 매개변수를 전달할지를 결정하는 여러 조건식(if 또는 when과 같은)을 봤었다. 그렇기 때문에 코드에서 완벽한 UI를 기술하게 됐다. 실행되는 분기는 런타임에서의 앱 데이터(상태)에 따라 다르다. 웹 프레임워크인 리액트^{react}에는 가상 돔^{Visual DOM}이라는 유사한 개념이 있다. 그런데 이는 컴포즈가 변경 사항을 스스로 감지하고 영향 받는 부분만 업데이트한다고 했던 필자의 말과는 상충하는 게 아닐까?

개념상 젯팩 컴포즈는 변경 사항이 적용돼야 할 때 UI 전체를 다시 생성한다. 물론 이러한 동작은 시간과 배터리, 처리 능력을 낭비하는 일이다. 그리고 이는 화면이 깜빡거리는 현상을 통해 사용자가 인지하게 될지도 모른다. 따라서 프레임워크는 UI 요소 트리 중 갱신이 필요한 부분만 다시 생성되도록 큰 노력을 기울인다.

앞 절에서 `update`와 `skippableUpdate`를 간략히 살펴봤을 때 이러한 노력의 일부를 확인했다. 빠르고 안정적인 재구성(갱신, 재생성 또는 화면을 다시 그리고자 젯팩 컴포즈에서 사용하는 용어)을 보장하려면 여러분의 컴포저블 함수가 몇 가지 간단한 규칙을 따르는지를

확인해야 한다. **ColorPickerDemo**라는 앱의 코드를 함께 살펴보면서 이러한 규칙을
소개하겠다.

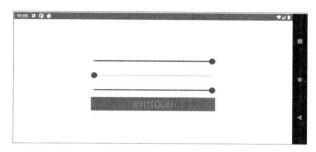

그림 3.4: ColorPickerDemo 앱

앱은 빨간색, 녹색, 파란색^{RGB} 부분을 명시해 색상을 설정하는 것을 목적으로 한다.
이 색상은 텍스트(색상 값을 16진수 문자열로 표시한다)의 배경색으로 사용된다. 전경색은 선택한
색상과 보색으로 나타낸다.

다음 절에서 예제에 대한 코드를 살펴본다. 슬라이더가 변경 사항을 어떻게 값에
전달하는지 살펴본다.

컴포저블 함수 간 상태 공유

때때로 한 개 이상의 컴포저블 함수에서 상태를 사용하고 싶을 수도 있다. 예를 들어
한 개의 슬라이더로 설정한 색상을 사용해 전체 색상을 만들고 싶을 수도 있다. 그리
고 이 색상은 결국 텍스트의 배경색이 된다. 그렇다면 어떻게 하면 상태를 공유할
수 있을까? Column()에서 세 개의 슬라이더를 수직으로 그룹화한 ColorPicker()를
살펴보는 것부터 시작해보자.

```
@Composable
fun ColorPicker(color: MutableState<Color>) {
    val red = color.value.red
```

```
      val green = color.value.green
      val blue = color.value.blue
      Column {
        Slider(
          value = red,
          onValueChange = { color.value = Color(it, green, blue) })
        Slider(
          value = green,
          onValueChange = { color.value = Color(red, it, blue) })
        Slider(
          value = blue,
          onValueChange = { color.value = Color(red, green, it) })
      }
    }
```

컴포저블 함수는 MutableState<Color>라는 한 개의 매개변수를 받는다. color 프로퍼티의 value는 androidx.compose.ui.graphics.Color의 인스턴스를 갖는다. red와 green 그리고 blue 프로퍼티는 색 공간^{color space}을 기반으로 하는 Float을 반환한다. 색 공간은 특정 색상 체계를 식별하는 데 사용한다. 각각의 색 공간은 색상 값을 어떻게 나타낼지 정의하는 색상 모델로 특징지어진다. 달리 지정하지 않는다면 이 값은 ColorSpaces.Srgb가 된다.

예제에서는 특정 색 공간을 설정하지 않았기 때문에 ColorSpaces.Srgb가 기본값이 된다. 이에 따라 반환될 값은 0F와 1F 사이가 된다. 첫 세 줄은 로컬 변수인 red, green, blue에 색상의 빨간색, 녹색, 파란색 부분을 할당한다. 이러한 값은 Slider() 함수에 사용된다. 어떻게 사용되는지 살펴보자.

예제에서 각 슬라이더는 value와 onValueChange라는 두 개의 매개변수를 받는다. 첫 번째 매개변수는 슬라이더가 나타낼 값을 명시한다. 이 값은 반드시 0F에서 1F 사이의 값이어야 한다(이는 red, green, blue와 잘 맞는다). 필요하다면 선택 사항인 valueRange 로 대체 범위^{alternative range}를 제공할 수 있다. onValueChange는 사용자가 슬라이더를 드래그하거나 밑에 있는 가느다란 선을 클릭하면 호출된다. 세 개의 람다 표현식 코드는 서로 꽤 비슷해 보인다. 새로운 Color 객체가 생성되고 color.value에 할당된다. 다른 슬라이더에 의해 제어되는 색상은 그에 상응하는 지역 변수에서 가져온다. 이들은 변경되지 않는다. 현재 슬라이더의 새로운 색상은 it으로 얻을 수 있는데, 이것이 바로 onValueChange에 전달하는 새로운 슬라이더 값이기 때문이다.

왜 ColorPicker()가 MutableState<Color>로 감싼 색상을 전달받는지 궁금할 것이다. color: Color?를 사용해 직접 전달해도 충분하지 않을까? 그림 3.4에서 살펴본 것처럼 앱은 배경색과 전경색을 보색으로 처리하면서 선택한 색상의 텍스트를 보여준다. 그런데 ColorPicker()는 텍스트를 내보내지 않는다. 이러한 현상은 다른 어딘가에서 발생한다(곧 살펴보겠지만 Column() 안에서 발생한다). 올바른 색상을 보여주려면 텍스트도 이를 전달받아야만 한다. 색상 변경은 ColorPicker() 내부에서 일어나므로 호출자에게 이러한 변화를 알려줘야만 한다. 매개변수로 전달되는 일반적인 Color 인스턴스는 이러한 일을 수행하지 못하는데, 코틀린 함수 매개변수가 변경 불가능한 값이기 때문이다.

전역 프로퍼티를 사용해 변경되는 사항을 구현할 수도 있다. 그러나 젯팩 컴포즈에서는 이러한 방식을 권고하지 않는다. 컴포저블은 전역 변수를 사용해서는 절대 안 된다. 컴포저블 함수의 모습과 행위에 영향을 주는 모든 데이터는 매개변수로 전달하는 것이 가장 좋다. 데이터가 컴포저블 내부에서 변경된다면 MutableState를 사용해야 한다. 상태를 전달받아 컴포저블을 호출한 곳으로 상태를 옮기는 것을 상태 호이스팅state hoisting이라 부른다. MutableState를 전달하고 컴포저블 내부에서 변경 사항을 적용하는 방식의 좋은 대안은 변경 로직을 람다 표현식으로 전달하는 것이다. 예제에서는 onValueChange에서 람다 표현식에 새로운 슬라이더 값을 제공할 뿐이다.

이제 색상이 텍스트로 어떻게 전달되는지 살펴보자.

```
Column(
    modifier = Modifier.width(min(400.dp, maxWidth)),
    horizontalAlignment = Alignment.CenterHorizontally
) {
    val color = remember { mutableStateOf(Color.Magenta) }
    ColorPicker(color)
    Text(
        modifier = Modifier
            .fillMaxWidth()
            .background(color.value),
        text = "#${color.value.toArgb().toUInt().toString(16)}",
        textAlign = TextAlign.Center,
        style = MaterialTheme.typography.h4.merge(
            TextStyle(
                color = color.value.complementary()
            )
        )
    )
}
```

ColorPicker()와 Text()는 Column() 안에서 수직으로 배치된다(수평으로는 가운데에 위치한다). 열의 너비는 어느 값이 더 적느냐에 따라 400밀도 독립 픽셀 또는 maxWidth 중 하나가 된다. maxWidth는 미리 정의된 BoxWithConstraints() 컴포저블에 의해 정의된다(이와 관련해서는 '크기 제어' 절에서 더 자세히 살펴본다). ColorPicker()와 Text() 모두를 위한 색상은 다음과 같이 정의된다.

```
val color = remember { mutableStateOf(Color.Magenta) }
```

Column()이 처음 구성될 때 mutableStateOf(Color.Magenta)가 실행된다. 여기서 상태가 생성된다. 상태는 시간이 지남에 따라 변하는 앱 데이터(여기서는 색상이 이에 해당된다)를 나타낸다. 상태는 5장에서 자세히 다룬다. 상태는 기억되고 color에 할당된다고 이해하는 것으로도 지금은 충분하다.

여기서 remember는 무엇을 뜻할까? 소위 재구성이라 불리는 모든 후속 구성 동작은 MutableState<Color>(상태 호이스팅)에 대한 참조를 나타내는 mutableStateOf에서 생성된 값을 전달받는 색상으로 이어진다. remember로 전달된 람다 표현식은 연산이라 부른다. 이 연산은 단 한 번만 실행될 것이다. 재구성 동작에서는 항상 동일한 값을 반환한다.

참조가 동일하게 남아 있다면 색상이 어떻게 변경될 수 있을까? 실제 색상은 Value 프로퍼티에 접근한다. ColorPicker() 코드로 이를 확인할 수 있다. Text()는 색상을 변경하지 않고 색상 정보와 함께 동작할 뿐이다. 따라서 background와 같은 일부 매개변수에 변경할 수 있는 상태(color)를 전달하는 대신 color.value(색상 값을 의미한다)를 전달하게 된다. 이는 변경자임을 명심하자. 이와 관련해서는 '컴포저블 함수의 행위 수정' 절에서 좀 더 살펴본다. 여기서는 컴포저블 함수에서 내보낸 UI 요소의 배경색을 설정한다.

TextStyle() 내부에서 complementary()를 호출한다는 것을 발견했는가? 이 함수가 하는 일은 다음과 같다.

```
fun Color.complementary() = Color(
```

```
    red = 1F - red,
    green = 1F - green,
    blue = 1F - blue
)
```

complementary()는 Color의 확장 함수다. 이 함수는 전달받은 색상의 보색을 연산한다. 이 동작은 현재 선택된 색상(텍스트의 배경색으로 사용된다)에 관계없이 텍스트(세 슬라이더를 사용해 선택된 색상의 16진수 RGB 값)를 읽을 수 있게 해준다.

이번 절에서는 매우 중요한 젯팩 컴포즈의 개념을 살펴봤다. 지금까지의 내용을 정리하면 다음과 같다.

- 컴포즈 UI는 컴포저블 함수의 중첩 호출로 정의된다.

- 컴포저블 함수는 UI 요소 또는 UI 요소 계층 구조를 발행한다.

- UI를 처음 구성하는 것을 구성^{composition}이라 부른다.

- 앱 데이터 변경 시 UI를 재구성하는 것을 재구성^{recomposition}이라 부른다.

- 재구성은 자동으로 발생한다.

중요

앱에서 재구성이 언제, 얼마나 자주 발생할 것인지를 예측할 수는 없다. 애니메이션이 동작하면 프레임마다 발생할 것이다. 따라서 컴포저블을 가능한 한 빠르게 만드는 것이 가장 중요하다. 시간이 소요되는 연산이나 데이터를 불러오고 저장하거나 네트워크에 접속하는 행위를 해서는 안 된다. 이러한 코드는 컴포저블 함수 바깥에서 실행돼야만 한다. 컴포저블 함수는 준비된 데이터를 전달받기만 해야 한다. 또한 재구성의 순서도 불특정하다는 것을 기억하자. 예를 들면 Column()의 첫 번째 자식이 소스코드상으로 그보다 뒤에 나타나는 요소들보다도 이후에 재구성될 수 있다는 것을 의미한다. 재구성은 병렬로 발생할 수 있고 건너뛸 수도 있다. 따라서 절대로 재구성의 특정 순서에 의존하거나 다른 어떤 곳에서 필요로 하는 무언가를 컴포저블 내부에서 연산하지 말아야 한다.

다음 절에서는 ColorPickerDemo 앱의 검토를 마무리한다. 이번에는 컴포저블 함수의 크기를 지정하고 제한하는 방법을 보여준다.

크기 제어

예제 코드에는 fillMaxSize() 또는 fillMaxWidth()와 같은 코드가 다수 포함돼 있다. 두 변경자 모두 컴포저블의 크기를 제어한다. fillMaxSize()는 가능한 모든 수평, 수직 영역을 사용하는 반면 fillMaxWidth()는 수평 확장에만 극대화된다.

그러나 슬라이더에서 fillMaxWidth()를 사용하는 것은 그다지 좋은 선택이 아니다. 필자의 생각으로 넓은 슬라이더는 최대, 최솟값으로 위치시키고자 핸들을 드래그해야 하는 거리가 멀기 때문에 사용하기가 불편하다. 그렇다면 어떻게 하면 너비를 제한할 수 있을까? 하는 질문이 생긴다. 가장 간단한 해결 방법은 width() 변경자를 사용하는 것이다. 이 변경자는 컴포저블의 너비를 특정 크기로 설정한다. 필자는 슬라이더의 너비를 최대 400밀도 독립 픽셀만큼 설정하고자 한다. 화면이 그보다 작다면 그 너비를 대신 사용한다. 이를 구현하는 방법은 다음과 같다.

```
modifier = Modifier.width(min(400.dp, maxWidth)),
```

변경자는 ColorPicker()와 Text()에 포함되는 Column() 프로퍼티에 속해 있다.

maxWidth는 BoxWidthConstraints() 컴포저블에 의해 제공된다.

```
BoxWithConstraints(
    contentAlignment = Alignment.Center,
    modifier = Modifier.fillMaxSize()
) {
    Column ...
}
```

이 함수의 content 프로퍼티는 BoxWithConstraintsScope 스코프의 인스턴스를 전달받는데, 이 인스턴스는 constraints, minWidth, minHeight, maxWidth, maxHeight에 접근할 수 있게 해준다. BoxWithConstraints()는 입력받은 제약 사항을 기반으로 사용할 수 있는 공간에 따라 콘텐츠를 정의한다. 이와 관련해서는 4장에서 자세히 살펴본다.

이것으로 ColorPickerDemo 앱에 대한 검토를 마무리한다. 다음 절에서는 액티비티에서 컴포저블 계층 구조가 어떻게 나타나게 되는지를 좀 더 살펴본다.

액티비티 내에서 컴포저블 계층 구조 나타내기

앞 절에서는 세 개의 슬라이더와 텍스트로 구성된 UI 요소 계층 구조를 만들었다. 그리고 androidx.activity.ComponentActivity의 확장 함수인 setContent를 사용해 이 계층 구조를 액티비티에 임베디드했다. 이는 액티비티에 있는 setContent를 호출할 수 없고 ComponentActivity를 확장한 액티비티에서 호출할 수 있다는 것을 의미한다. androidx.appcompat.app.AppCompatActivity가 여기에 해당한다.

그러나 이 클래스는 툴바와 옵션 메뉴를 지원하는 것과 같은 이전 뷰 기반 세계와 관련된 많은 기능을 상속하고 있다. 젯팩 컴포즈는 이러한 것들을 다르게 처리한다. 이와 관련된 내용은 6장에서 자세히 다룬다. 이러한 이유로 AppCompatActivity를 사용을 피하고 가능하다면 ComponentActivity를 확장한다. 뷰 기반 UI와 컴포즈 UI를 서로 결합하는 기술은 9장을 참고한다.

이제 setContent를 다시 살펴보자. 이 함수는 다음과 같은 두 개의 매개변수를 기대한다.

- **parent**: 널 값이 가능한 CompositionContext
- **content**: 선언하는 UI를 위한 컴포저블 함수

대부분의 경우에는 parent를 생략할 것이다. CompositionContext는 androidx.compose.runtime 패키지에 포함된 추상 클래스로, 두 구성을 논리적으로 연결하는 데 사용된다. 위 함수는 젯팩 컴포즈의 내부 작업을 나타내므로 여러분의 앱에서는 이에 대해 걱정할 필요가 없다. 그러나 이것이 의미하는 바가 무엇인지에 대한 아이디어를 얻기 위해 setContent의 소스코드를 살펴보자.

```
48  public fun ComponentActivity.setContent(
49      parent: CompositionContext? = null,
50      content: @Composable () → Unit
51  ) {
52      val existingComposeView = window.decorView
53          .findViewById<ViewGroup>(android.R.id.content)
54          .getChildAt( index: 0) as? ComposeView
55
56      if (existingComposeView ≠ null) with(existingComposeView) {   this: ComposeView
57          setParentCompositionContext(parent)
58          setContent(content)
59      } else ComposeView( context: this).apply {   this: ComposeView
60          // Set content and parent **before** setContentView
61          // to have ComposeView create the composition on attach
62          setParentCompositionContext(parent)
63          setContent(content)
64          // Set the view tree owners before setting the content view so that the inflation process
65          // and attach listeners will see them already present
66          setOwners()
67          setContentView( view: this, DefaultActivityContentLayoutParams)
68      }
69  }
```

그림 3.5: setContent 소스코드

첫 번째로 findViewById()는 액티비티가 이미 androidx.compose.ui.platform.ComposeView의 인스턴스를 포함하는지 알아내기 위해서 사용한다. 포함한다면 해당 뷰의 setparentCompositionContext()와 setContent() 메서드가 호출될 것이다.

먼저 setParentCompositionContext()를 살펴보자. 이 함수는 AbstractComposeView에 포함돼 있다. 함수는 뷰 구성 시 부모가 되는 CompositionContext를 설정한다. 컨텍스트가 null이라면 자동으로 결정되며 다음과 같은 절차를 거친다. AbstractComposeView는 ensureCompositionCreated()라는 비공개 함수를 포함한다. 이 함수는 또 다른 setContent 구현체(wrapper.android.kt에 정의된 ViewGroup의 internal 접근자를 갖는 확장

^{함수)}를 호출하며 그 결과를 parent로서 resolveParentCompositionContext()에 전달한다.

이제 그림에서 봤던 setContent() 내용으로 돌아가 보자. setParentComposition
Context()를 호출하면 여기서 또 다른 버전의 setContent()를 호출하게 된다. 이 구현체는 ComposeView에 포함돼 있으며, 뷰의 콘텐츠를 설정한다.

findViewById()가 ComposeView를 반환하지 않는다면 새로운 인스턴스가 생성돼 setContentView에 전달된 다음 setParentCompositionContext()와 setContent()가 호출된다.

이번 절에서는 젯팩 컴포즈의 몇 가지 내부 동작을 계속 살펴본다. 이제 ComposeView가 예전 뷰 기반 세계를 잇는 연결고리라는 것을 이해했을 것이다. 이 클래스는 9장에서 다시 한 번 다룬다.

다음 절에서는 변경자로 되돌아간다. 이번에는 변경자 내부에서 어떠한 작업을 하는지, 자신만의 변경자를 어떻게 작성할 수 있는지를 알아본다.

컴포저블 함수의 행위 수정

기존 명령형 UI 프레임워크의 컴포넌트와는 달리 컴포저블 함수는 프로퍼티 기본 세트를 공유하지 않는다. 또한 기능을 자동으로 재사용하지도 않는다. 함수는 명시적으로 다른 컴포저블을 호출하고 끝나게 된다. 컴포저블의 시각적 형태나 행위는 매개변수나 변경자 또는 두 가지 모두를 통해 제어할 수 있다. 어떤 면에서 변경자는 컴포넌트의 프로퍼티 개념을 채택하긴 했지만 이를 더욱 개선했다고 볼 수 있다. 컴포넌트의 프로퍼티와는 달리 변경자는 전적으로 개발자의 판단에 따라 사용될 수 있다.

예제에서 이미 다음과 같은 몇 가지 변경자를 살펴봤다.

- width()

- fillMaxWidth()

- fillMaxSize()

이들 변경자는 상응하는 UI 요소의 너비와 크기를 제어한다. background()는 배경 색과 모양을 설정할 수 있지만 clickable { }은 사용자가 UI 요소를 클릭함으로써 컴포저블 함수와 상호작용할 수 있게 해준다. 젯팩 컴포즈는 수많은 종류의 변경자를 제공하기 때문에 이러한 변경자에 익숙해지려면 어느 정도 시간이 필요하다. 개념적으로 이러한 변경자들은 행동(draggable())이나 정렬(alignByBaseline()) 또는 그리기(paint())와 같은 여러 범주 중 하나에 할당될 수 있다. 범주로 그룹화된 변경자 목록은 https://developer.android.com/jetpack/compose/modifiers-list에서 확인할 수 있다.

변경자에 좀 더 익숙해지고자 ModifierDemo 예제를 살펴보자. 이 예제는 여러 컴포저블 함수로 이뤄졌다. 다음 그림에서는 앱에서 OrderDemo()를 실행한 상태를 보여준다.

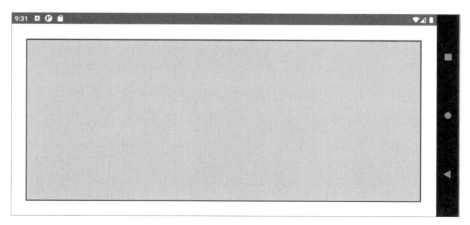

그림 3.6: ModifierDemo 앱

컴포저블은 모든 면에 대해 32밀도 독립 픽셀 크기의 간격을 제공하고, 뒤를 이어

2밀도 독립 픽셀 너비의 파란색 테두리를 갖는다. 내부 사각형은 밝은 회색으로 칠해져 있다.

관련 코드는 다음과 같다.

```
@Composable
fun OrderDemo() {
    var color by remember { mutableStateOf(Color.Blue) }
    Box(
        modifier = Modifier
            .fillMaxSize()
            .padding(32.dp)
            .border(BorderStroke(width = 2.dp, color = color))
            .background(Color.LightGray)
            .clickable {
                color = if (color == Color.Blue)
                    Color.Red
                else
                    Color.Blue
            }
    )
}
```

Box()는 클릭이 가능하며 테두리 색을 파란색에서 빨간색으로 변경하거나 그 반대로도 동작한다. 간격 부분을 클릭한다면 아무런 동작도 하지 않을 것이다. 그러나 .clickable { }을 .padding(32.dp) 앞으로 이동시키면 간격에서도 클릭 동작이 수행된다. 이는 의도된 것이다. 다음은 어떠한 일이 일어나는지 알아보자. .을 사용해 여러 변경자를 결합함으로써 변경자 체이닝을 정의한다. 이렇게 함으로써 변경자가 사용되는 순서를 명시할 수 있게 된다. 체이닝에서 변경자의 위치는 변경자가 언제 실행되는지를 결정한다. clickable { }은 컴포저블의 영역 내부를 클릭했을 때만 반응하므로 clickable { } 이전에 일어나는 패딩에 대해서는 클릭 동작이 고려되지 않는다.

다음 절에서는 젯팩 컴포즈가 변경자와 변경자 체인을 내부적으로 처리하는 방법을 보여준다.

변경자 동작 이해

변경자를 적용하는 컴포저블 함수는 modifier 매개변수로 변경자를 전달받아야 하며 Modifier의 기본값을 할당해야 한다. modifier 매개변수는 첫 번째 널이 가능한 매개변수가 돼야 하므로 후행 람다 표현식을 제외한 필요로 하는 모든 매개변수의 맨 뒤에 위치해야 한다.

이번에는 컴포저블이 modifier 매개변수를 어떻게 전달받는지 살펴보자.

```
@Composable
fun TextWithYellowBackground(
  text: String,
  modifier: Modifier = Modifier
) {
  Text(
    text = text,
    modifier = modifier.background(Color.Yellow)
  )
}
```

컴포저블은 이러한 방식으로 호출자로부터 변경자 체이닝을 전달받을 수 있다. 아무것도 제공되지 않는다면 Modifier가 새로운 비어있는 체이닝으로 동작한다. 두 경우 모두 컴포저블은 앞의 코드에서 나타난 것처럼 추가로 background()와 같은 변경자를 추가할 수 있다.

컴포저블 함수가 해당 UI 요소의 특정 부분이나 자식 요소에 적용할 변경자를 인수로 전달받는다면 **titleModifier**처럼 해당 부분이나 자식의 이름을 접두어로 사용해야 한다.

이러한 변경자는 앞서 언급한 규칙을 따른다. 이들 변경자는 그룹화돼야 하고 부모 변경자 뒤에 나타나야 한다. 변경자 매개변수의 정의와 관련된 추가적인 정보는 https://developer.android.com/reference/kotlin/androidx/compose/ui/Modifier 를 참고하기 바란다.

이제 컴포저블 함수에서 **modifier** 매개변수를 정의하는 방법을 알았으니 체이닝 개념에 좀 더 집중해보자. **Modifier**는 인터페이스이며 동반 객체이기도 하다. 인터페이스는 **androidx.compose.ui** 패키지에 포함돼 있다. 인터페이스는 **foldIn()**과 **foldOut()** 같은 여러 함수를 정의한다. 여러분에게는 필요하지 않겠지만 여기서 중요한 것은 **then()**이다. 이 함수는 두 변경자를 서로 연결한다. 이제 곧 보겠지만 이 함수는 변경자에서 호출해야만 한다. **Element** 인터페이스는 **Modifier**를 확장했다. 이 인터페이스는 **Modifier** 체인에 포함되는 단일 요소를 정의한다. 마지막으로 **Modifier** 동반 객체는 아무런 요소를 포함하지 않는 비어있는 기본 변경자다.

요점 정리

변경자는 변경자 요소의 순서가 있는 변경 불가능한 컬렉션이다.

다음으로 **background()** 변경자가 어떻게 구현되는지 살펴보자.

```
      Draws shape with a solid color behind the content.
      Params:  color - color to paint background with
               shape - desired shape of the background
      Samples: androidx.compose.foundation.samples.DrawBackgroundColor
               // Unresolved
42    fun Modifier.background(
43        color: Color,
44        shape: Shape = RectangleShape
45    ) = this.then(
46        Background(
47            color = color,
48            shape = shape,
49            inspectorInfo = debugInspectorInfo {    this: InspectorInfo
50                name = "background"
51                value = color
52                properties["color"] = color
53                properties["shape"] = shape
54            }
55        )
56    )
```

그림 3.7: background() 변경자 소스코드

background()는 Modifier의 확장 함수다. 이 함수는 Modifier 인스턴스를 전달받는다. 함수는 then()을 호출하고 그 결과(연결된 변경자)를 반환한다. then()은 order라는 한 개의 매개변수만 전달받으며, order 변경자는 현재 변경자와 연결돼 있어야 한다. background()의 경우 order는 Background의 인스턴스가 된다. 이 클래스는 InspectorValueInfo를 확장하고 DrawModifier 인터페이스를 구현하는데, DrawModifier 인터페이스는 결국 Modifier.Element를 확장한다. InspectorValueInfo는 주로 디버깅을 목적으로 사용되기 때문에 더는 자세히 설명하지 않을 것이다. 반면 DrawModifier는 매우 흥미로운 인터페이스다. 이 인터페이스의 구현체는 UI 요소의 공간에 그림을 그릴 수 있다. 마지막 절에서 이것을 한번 사용해볼 것이다.

커스텀 변경자 구현

젯팩 컴포즈가 방대한 분량의 변경자를 포함하긴 하지만 자신만의 변경자를 구현하고 싶을 수도 있다. 이를 어떻게 구현하는지 살펴보자. drawYellowCross()에서는 콘텐츠 뒤로 두 개의 두꺼운 노란색 선을 그린다. 여기서 콘텐츠는 Text()가 된다.

그림 3.8: 커스텀 변경자

변경자는 다음과 같이 호출된다.

```
Text(
    text = "Hello Compose",
    modifier = Modifier
        .fillMaxSize()
        .drawYellowCross(),
    textAlign = TextAlign.Center,
    style = MaterialTheme.typography.h1
)
```

보다시피 변경자는 기존 변경자 체인과 멋지게 통합된다. 이제 소스코드를 살펴보자.

```
fun Modifier.drawYellowCross() = then(
```

```
object : DrawModifier {
  override fun ContentDrawScope.draw() {
    drawLine(
      color = Color.Yellow,
      start = Offset(0F, 0F),
      end = Offset(size.width - 1, size.height - 1),
      strokeWidth = 10F
    )
    drawLine(
      color = Color.Yellow,
      start = Offset(0F, size.height - 1),
      end = Offset(size.width - 1, 0F),
      strokeWidth = 10F
    )
    drawContent()
  }
}
)
```

drawYellowCross()는 Modifier의 확장 함수다. 이는 then()을 호출하고 간단히 결과를 반환할 수 있다는 것을 의미한다. then()은 DrawModifier의 인스턴스를 전달받는다. 그런 다음 draw()라 불리는 ContentDrawScop의 확장 함수를 구현해야 한다. 이 인터페이스는 한 개의 함수(drawContent())를 정의하며 DrawScope를 확장한다. 이에 따라 drawLine(), drawRect(), drawImage()와 같은 여러 그리기 기본 요소에 접근할 수 있게 된다. drawContent()는 UI 요소를 그리므로 함수가 언제 호출되느냐에 따라 해당 요소가 다른 그리기 기본 요소의 앞이나 뒤에 나타나게 된다. 예제에서는 마지막 커맨드라인에 위치하므로 UI 요소(예제에서는 Text()에 해당한다)가 맨 위에 위치하게 된다.

또한 젯팩 컴포즈는 drfawBehind { }라는 변경자도 포함하고 있다. 이 변경자는 예제에서와 같이 그리기 기본 요소를 포함할 수 있는 람다 표현식을 전달받는다. 젯팩 컴포즈의 내부를 좀 더 자세히 공부하고자 해당 소스코드를 살펴보고 싶을 수도 있다. 관련 코드를 살펴보려면 Ctrl 키를 누른 상태로 코드에 있는 drawBehind()를 클릭하기만 하면 된다.

이로써 변경자에 대한 설명을 끝마친다. 지금까지 살펴본 것처럼 변경자는 컴포저블 함수의 시각적 모습과 행위 모두를 제어하는 매우 우아한 방식이라고 볼 수 있다.

⁞⁞ 요약

3장에서는 젯팩 컴포즈의 핵심 원칙을 소개했다. 여기서는 컴포저블 함수의 기본 아이디어와 개념를 자세히 살펴봤으며, 컴포저블이 어떻게 작성됐고 사용되는지 알게 됐다. 또한 UI를 생성하고 업데이트하는 방법뿐만 아니라 젯팩 컴포즈가 다른 프레임워크에서 화면을 다시 그리거나 업데이트하는 것을 어떻게 처리했는지도 중점적으로 살펴봤다. 연관된 앱 데이터가 변경돼 UI가 바뀌거나 소위 말하는 재구성이 자동으로 동작하는 것은 개발자가 컴포넌트 트리를 반드시 변경해야만 했던 전통적인 뷰 기반의 접근 방식과 비교했을 때 장점 중 하나라고 볼 수 있다.

그다음으로 변경자의 개념에 대한 지식을 넓혀갔다. 여기서는 변경자 체이닝이 어떻게 동작하는지와 항상 의도된 결과를 얻으려면 명심해야 할 점을 살펴봤다. 예를 들어 패딩 내부에서 클릭 이벤트를 받으려면 변경자 체이닝에서 padding { }은 반드시 clickable { } 이후에 일어나야 한다. 마지막으로는 커스텀 변경자를 구현하는 방법을 알아봤다.

4장에서는 UI 요소를 배치하는 방법을 알아보고 **단일 측정 단계**single measure pass를 소개한다. 또한 기본 제공되는 레이아웃뿐만 아니라 커스텀 컴포즈 레이아웃을 작성하는 방법도 알아본다.

사용자 인터페이스 만들기

2부에서는 빠르고 강력하며 아름다운 젯팩 컴포즈 앱을 작성하는 방법을 알려주고자 실용적인 접근 방식을 도입한다. 라이브러리가 어떻게 동작하는지 확실히 이해할 수 있도록 많은 예제를 제공한다.

2부는 다음 장으로 구성된다.

- 4장, UI 요소 배치

- 5장, 컴포저블 함수 상태 관리

- 6장, 조립

- 7장, 팁, 트릭, 모범 사례

04

UI 요소 배치

3장에서는 간단한 UI를 만드는 방법을 알아봤다. 그다지 많지 않은 UI 요소로 구성돼 있긴 했지만 특정 순서와 방향 그리고 계층 구조 안에서 버튼과 텍스트 필드 및 슬라이더를 배치해야만 했다. 레이아웃^{Layouts}은 수평(Row()) 또는 수직(Column()) 레이아웃에 특정한 방식으로 콘텐츠의 위치와 크기를 조정한다. 4장에서는 레이아웃을 더욱 자세히 알아본다.

4장에서 다루는 내용은 다음과 같다.

- 미리 정의된 레이아웃 사용

- 단일 측정 단계의 이해

- 커스텀 레이아웃 작성

처음에는 Row(), Column(), Rox()와 같이 미리 정의된 레이아웃을 자세히 살펴보는 것부터 시작한다. 멋진 UI를 만들고자 이러한 레이아웃을 서로 결합하는 방법을 알아본다. 그다음으로 ConstraintLayout을 소개한다. ConstraintLayout 레이아웃은 다른 컴포저블 함수와 관련이 있는 컴포저블 함수를 화면에 배치하고 UI 요소 계층 구조를 평평하게 하는 속성을 사용한다. 이 레이아웃은 중첩된 `Row()`, `Column()`, `Box()`를 대체한다.

두 번째 절에서는 젯팩 컴포즈 레이아웃 시스템이 전통적인 뷰 기반 접근 방식보다 성능이 뛰어난 이유를 설명한다. 여기서 다시 한 번 수면 밑으로 내려가서 젯팩 컴포즈 내부를 일부 살펴본다. 이러한 내용을 통해 '커스텀 레이아웃 작성' 절을 학습할 준비를 마치게 된다.

마지막 절에서는 커스텀 레이아웃을 만드는 방법을 배우고 이에 따라 자식 렌더링을 정밀하게 제어하게 된다. 이는 특정 사용 사례에서 미리 정의된 레이아웃이 충분한 유연성을 제공하지 못하는 경우 유용하다.

이제 시작해보자.

기술 요구 사항

4장에서는 다음과 같은 세 가지 샘플 앱을 선보인다.

- `PredefinedLayoutsDemo`
- `ConstraintLayoutDemo`
- `CustomLayoutDemo`

안드로이드 스튜디오를 다운로드하거나 설치 및 설정하는 방법은 1장의 '기술 요구 사항' 절을 참고하기 바란다. 이 책의 깃허브 리포지터리 https://github.com/PacktPublishing/Android-UI-Development-with-Jetpack-Compose의 최상위 디렉터리에 있는 Sandbox 앱 프로젝트를 사용하면 '기본 구성 요소 조합' 절에 있는 `CheckboxWithLabel()` 컴포저블 함수를 실행할 수 있다. `SandboxActivity`를 열고

/chapter_04 폴더에 있는 code_snippets.txt에 있는 컴포저블 함수를 복사해 넣자.

⠿ 미리 정의된 레이아웃 사용

UI를 생성할 때는 해당 요소가 어디에 나타나야 할지와 어느 정도의 크기가 돼야 할지 반드시 정의해야 한다. 젯팩 컴포즈는 기준이 되는 축을 따라 콘텐츠를 배열하는 기본적인 레이아웃을 몇 가지 제공한다. 고려해야 할 세 가지 축은 다음과 같다.

- 수평^{Horizontal}

- 수직^{Vertical}

- 스택^{Stacked}

각각의 축은 레이아웃으로 나타낼 수 있다. Row()는 콘텐츠를 가로로 배열하는 반면 Column()은 세로로 배열한다. Box()와 BoxWithConstraints()는 콘텐츠를 맨 위에 쌓는다. 이렇게 축을 기반으로 하는 구성 요소를 조합하면 멋진 UI를 손쉽게 만들 수 있다.

기본 구성 요소 조합

PredefinedLayoutsDemo 샘플 앱에서는 세 개의 체크박스를 나타내는데, 각 체크박스는 빨간색, 녹색, 파란색 사각형을 노출했다 숨겼다 하는 기능을 갖는다. 이 사각형은 각각에 대응되는 체크박스가 체크됐을 때만 나타난다.

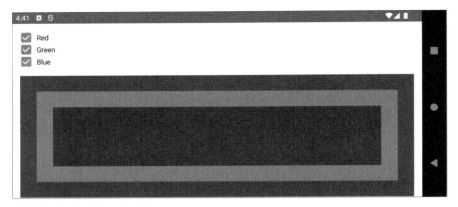

그림 4.1: PredefinedLayoutsDemo 샘플 앱

이러한 동작이 어떻게 수행되는지 살펴보자. 먼저 레이블을 포함하는 체크박스를
생성하는 방법부터 살펴본다.

```
@Composable
fun CheckboxWithLabel(label: String, state: MutableState<Boolean>) {
    Row(
        modifier = Modifier.clickable {
            state.value = !state.value
        }, verticalAlignment = Alignment.CenterVertically
    ) {
        Checkbox(
            checked = state.value,
            onCheckedChange = {
                state.value = it
            }
        )
        Text(
            text = label,
            modifier = Modifier.padding(start = 8.dp)
        )
    }
}
```

젯팩 컴포즈는 Checkbox()를 내포하고 있다. 이 함수는 현재 상태(checked)와 체크박스를 선택하면 호출되는 람다 표현식(onCheckedChange)을 받는다. 이 함수를 작성하는 시점에는 레이블을 전달할 수 없다. 대신 Checkbox()와 Text()를 Row() 안에 포함해 유사한 결과물을 만들어낼 수 있다. 텍스트를 선택했을 때도 체크박스의 상태를 변경해야 하므로 해당 열을 선택할 수 있게 만들어야 한다. 레이블을 포함하는 체크박스를 시각적으로 더 나은 모습으로 만들고자 verticalAlignment를 Alignment.CenterVertically로 설정해 열 내부에서 Checkbox()와 Text()를 수직선에서 가운데에 위치하게 할 수 있다.

CheckboxWithLabel()은 MutableState<Boolean>을 받는데, onCheckedChange 내부에서 해당 값이 변경되면 다른 컴포저블 함수를 재구성해야 하기 때문이다.

다음으로 상태를 생성하는 부분을 살펴보자.

```
@Composable
fun PredefinedLayoutsDemo() {
    val red = remember { mutableStateOf(true) }
    val green = remember { mutableStateOf(true) }
    val blue = remember { mutableStateOf(true) }
    Column(
        modifier = Modifier
            .fillMaxSize()
            .padding(16.dp)
    ) {
        ...
```

PredefinedLayoutsDemo()는 콘텐츠를 Column() 안에 넣어 수직으로 정렬시킨다. 사용할 수 있는 공간은 행로 가득 채워지고(fillMaxSize()) 테두리 네 곳 모두에 16밀도 독립 픽셀만큼의 패딩을 추가한다(padding(16.dp)). 세 가지 상태(red, green, blue)는 CheckboxWithLabel()에 전달된다. 이렇게 호출되는 코드는 다음과 같다.

```
CheckboxWithLabel(
    label = stringResource(id = R.string.red),
    state = red
)
CheckboxWithLabel(
    label = stringResource(id = R.string.green),
    state = green
)
CheckboxWithLabel(
    label = stringResource(id = R.string.blue),
    state = blue
)
```

각각의 코드는 상태(red, green, blue)와 레이블 문자열(R.string.red, R.string.green, R.string.blue)만 다를 뿐 거의 유사한 형태를 지닌다.

이제 스택 방식으로 쌓인 배경색을 갖는 박스가 어떻게 생성되는지 알아보자.

```
Box(
    modifier = Modifier
        .fillMaxSize()
        .padding(top = 16.dp)
) {
    if (red.value) {
        Box(
            modifier = Modifier
                .fillMaxSize()
                .background(Color.Red)
        )
    }
    if (green.value) {
        Box(
            modifier = Modifier
```

```
                .fillMaxSize()
                .padding(32.dp)
                .background(Color.Green)
        )
    }
    if (blue.value) {
        Box(
            modifier = Modifier
                .fillMaxSize()
                .padding(64.dp)
                .background(Color.Blue)
        )
    }
}
```

배경색을 갖는 박스 세 개는 또 다른 Box() 안에 놓인다. 사용할 수 있는 공간은
Box()로 가득 채워지게 된다.

Box()와 마지막 체크박스 간에 간격을 주고자 위쪽 패딩 값을 16밀도 독립 픽셀로
명시했다.

색을 입힌 박스는 그에 상응하는 상태가 **true**(예를 들면 if (red.value) {...})인 경우에만 추
가된다. 사용할 수 있는 공간은 색을 입힌 박스로 가득 채워지게 된다. 박스는 다른
박스 위에 쌓이게 되므로 마지막(맨 위에 있는) 박스만 보일 것이다. 이를 수정하고자
녹색과 파란색 박스에는 다른 크기의 패딩을 적용한다. 파란색 박스(마지막 박스)의 패딩
값은 64밀도 독립 픽셀이며, 이에 따라 패딩 영역 내부에서 녹색 박스가 보이게
된다. 녹색 박스의 패딩 값은 32밀도 독립 픽셀이며, 이에 따라 패딩 영역 내부에서
첫 번째 박스(빨간색 박스)가 보이게 된다.

이처럼 Box()와 Row() 같은 기본 레이아웃을 조합하면 손쉽게 멋진 UI를 만들 수
있다. 다음 절에서는 다른 대안이 될 수 있는 제약 조건을 기반으로 UI를 정의하는
접근 방식을 소개한다.

제약 조건을 기반으로 하는 레이아웃 생성

큰 규모에 여러 개가 중첩된 레이아웃에 RelativeLayout이나 LinearLayout 같이 오래된 레이아웃을 적용하면 성능에 영향을 미치기 때문에 가장 최근에 안드로이드의 전통적인 View 기반 세계에서 선호하는 방식은 제약 조건을 기반으로 UI를 정의하는 것이다. ConstraintLayout은 View 계층 구조를 평탄화해 이러한 문제를 방지한다. '단일 측정 단계의 이해' 절에서 살펴보겠지만 젯팩 컴포즈에서는 이러한 것이 문제가 되지 않는다.

그러나 컴포즈 앱에서 더욱 복잡한 레이아웃의 경우 코드를 더욱 단순하고 깔끔하게 만들고자 여전히 Box()나 Row(), Cloum()을 중첩하는 행위를 제한하고 싶을 수 있다.

ConstraintLayoutDemo 샘플 앱은 ConstraintLayout()에 기반을 두고 Predefined LayoutDemo를 재구현한 것이다. 두 버전을 비교하면 이 컴포저블 함수가 어떻게 동작하는지 완벽히 이해할 수 있다. 앱에서 ConstraintLayout()을 사용하려면 모듈 단계의 build.gradle 파일에 의존성을 추가해야만 한다. 여기서 사용한 버전은 그저 예시일 뿐이라는 것을 참고하기 바란다. 최신 버전은 https://developer.android. com/jetpack/androidx/versions/all-channel에서 확인할 수 있다.

```
implementation "androidx.constraintlayout:constraintlayout-compose:1.0.1"
```

제약 조건을 기반으로 하는 레이아웃을 어떻게 정의할 수 있을까? 재구현한 CheckboxWithLabel()을 조사하면서 이를 알아보자. 이 함수는 체크박스 옆에 텍스트를 위치시킨다.

```
@Composable
fun CheckboxWithLabel(
```

```
    label: String,
    state: MutableState<Boolean>,
    modifier: Modifier = Modifier
) {
    ConstraintLayout(modifier = modifier.clickable {
        state.value = !state.value
    }) {
        val (checkbox, text) = createRefs()
        Checkbox(
            checked = state.value,
            onCheckedChange = {
                state.value = it
            },
            modifier = Modifier.constrainAs(checkbox) {
            }
        )
        Text(
            text = label,
            modifier = Modifier.constrainAs(text) {
                start.linkTo(checkbox.end, margin = 8.dp)
                top.linkTo(checkbox.top)
                bottom.linkTo(checkbox.bottom)
            }
        )
    }
}
```

ConstraintLayout()은 도메인 특화 언어^{DSL, Domain-Specific Language}를 사용해 다른 요소
와 연관이 있는 UI 요소의 위치와 크기를 정의한다. 따라서 ConstraintLayout()
내부에 있는 각각의 컴포저블 함수는 자신과 관련된 참조를 갖고 있어야 하며,
이 참조는 createRefs()를 사용해 생성된다. 제약 조건은 constrainAs() 변경
자를 사용해 제공된다. 이 변경자의 람다 표현식은 ConstrainScope를 받는다.
ConstrainScope는 start, top, bottom과 같은 프로퍼티를 포함한다. 이러한 프로

퍼티는 다른 컴포저블의 위치와 연결(이때 linkTo()를 사용한다)되는 위치를 정의하기 때문에 앵커^{anchors}라 부른다.

Text()를 살펴보자. Text()의 constrainAs()는 bottom.linkTo(checkbox.bottom)을 갖는다. 이는 텍스트의 바닥 면과 체크박스의 바닥 간에 제약 조건이 형성됐다는 것을 의미한다. 텍스트의 윗면은 체크박스의 윗면과 연결되기 때문에 텍스트의 높이는 체크박스의 높이와 동일하다. 다음 코드는 밀도 독립 픽셀 값이 8인 추가적인 마진^{margin}을 포함해 텍스트의 시작점과 체크박스의 끝점 간에 제약 조건이 형성됐다는 것을 의미한다.

```
strart.linkTo(checkbox.end, margin = 8.dp)
```

따라서 책을 읽는 방향으로 텍스트는 체크박스 다음에 위치하게 된다. 그다음으로 ConstraintLayoutDemo()를 살펴보자.

```
@Composable
fun ConstraintLayoutDemo() {
  val red = remember { mutableStateOf(true) }
  val green = remember { mutableStateOf(true) }
  val blue = remember { mutableStateOf(true) }
  ConstraintLayout(
    modifier = Modifier
      .fillMaxSize()
      .padding(16.dp)
  ) {
    val (cbRed, cbGreen, cbBlue, boxRed, boxGreen, boxBlue) = createRefs()
    CheckboxWithLabel(
      label = stringResource(id = R.string.red),
      state = red,
      modifier = Modifier.constrainAs(cbRed) {
        top.linkTo(parent.top)
```

```
        }
    )
    ...
```

createRefs()를 사용해 제약 조건을 정의하는 데 필요한 참조를 생성한 후 첫 번째 CheckboxWithlabel()을 추가한다. 이 컴포저블 함수의 top은 parent의 top과 연결(제약 관계가 형성된다)되는데, 여기서 parent는 ConstraintLayout()을 의미한다. 이로써 첫 번째 텍스트를 포함한 체크박스는 맨 위에 위치하게 된다. 다음은 녹색 박스의 노출을 제어하는 두 번째 컴포저블 함수를 어떻게 적용하는지 보여준다.

```
CheckboxWithLabel(
    label = stringResource(id = R.string.green),
    state = green,
    modifier = Modifier.constrainAs(cbGreen) {
        top.linkTo(cbRed.bottom)
    }
)
```

이 컴포저블 함수의 윗부분은 첫 번째 텍스트를 포함한 체크박스(빨간색 박스의 노출을 제어)의 바닥과 제약 관계가 형성된다. 마지막으로 세 번째 CheckboxWithLabel()에 제약 사항을 추가해야 한다.

```
modifier = Modifier.constrainAs(cbBlue) {
    top.linkTo(cbGreen.bottom)
}
```

이 절의 마지막으로 색을 입힌 박스를 정의하는 방법을 보여준다. 다음은 빨간색 박스를 정의하는 코드다.

```
if (red.value) {
  Box(
    modifier = Modifier
      .background(Color.Red)
      .constrainAs(boxRed) {
        start.linkTo(parent.start)
        end.linkTo(parent.end)
        top.linkTo(cbBlue.bottom, margin = 16.dp)
        bottom.linkTo(parent.bottom)
        width = Dimension.fillToConstraints
        height = Dimension.fillToConstraints
      }
  )
}
```

start와 end 모두 그에 상응하는 parent(ConstraintLayout())의 앵커와 연결된다. top은 마지막 체크박스의 bottom과 제약 관계가 형성되므로 빨간색 박스는 마지막 체크박스 밑에 나타난다. 빨간색 박스의 bottom은 parent의 bottom과 제약 관계가 형성된다. 지금은 width와 height에 Dimension.fillToConstarints에서 얻은 값을 설정해줘야만 한다는 것을 명심하자. 그렇지 않으면 박스의 크기가 올바르지 못하게 된다.

다음으로 녹색 박스의 제약 사항을 알아보자.

```
constrainAs(boxGreen) {
  start.linkTo(parent.start, margin = 32.dp)
  end.linkTo(parent.end, margin = 32.dp)
  top.linkTo(cbBlue.bottom, margin = (16 + 32).dp)
  bottom.linkTo(parent.bottom, margin = 32.dp)
  width = Dimension.fillToConstraints
  height = Dimension.fillToConstraints
}
```

코드는 거의 동일하다. 한 가지 다른 점이라면 모든 면의 **magin**에 밀도 독립 픽셀 값을 32만큼 추가했다는 것이다. 녹색 박스 밑에 위치한 빨간색 박스가 마진 영역에서 노출돼야 하므로 이러한 설정이 필요하다. 빨간색 박스는 이미 **top** 마진이 16으로 설정돼 있기 때문에 녹색 박스의 **top** 마진에도 동일한 값을 추가해야만 한다. 여기서 **boxRed**와 연결하지 않은 이유가 궁금할 것이다. 빨간색 박스는 그에 상응하는 체크박스를 선택하지 않으면 화면에 나타나지 않기 때문이다. 이 경우 연결하고자 하는 앵커가 해당 위치에 존재하지 않게 된다.

파란색 박스의 제약 사항은 다음과 같다.

```
constrainAs(boxBlue) {
    start.linkTo(parent.start, margin = 64.dp)
    end.linkTo(parent.end, margin = 64.dp)
    top.linkTo(cbBlue.bottom, margin = (16 + 64).dp)
    bottom.linkTo(parent.bottom, margin = 64.dp)
    width = Dimension.fillToConstraints
    height = Dimension.fillToConstraints
}
```

유일하게 변경해야 할 부분은 네 면의 마진 값뿐인데, 이를 변경하지 않으면 박스 아래에 위치한 박스(녹색 박스)가 보이지 않기 때문이다.

ConstraintLayout()의 동작 방식을 간략히 정리하면 다음과 같다.

- 컴포저블의 앵커를 다른 앵커와 연결함으로써 컴포저블 함수 간 제약 관계를 형성한다.

- 이러한 연결은 참조를 기반으로 한다. 이러한 참조를 설정하려면 **createRefs()**를 호출해야만 한다.

Box(), **Row()**, **Column()** 조합의 주된 장점은 UI 요소의 계층 구조를 플랫하게 만들

어 준다는 점이다. 이렇게 가정해보자. PredefinedLayoutDemo는 부모 Box()에서 색상을 추가한 박스를 쌓아올려야만 했다. ConstrainLayoutDemo에서는 박스와 세 개의 CheckboxWithLabel()이 동일한 부모(ConstrainLayout())를 공유하게 된다. 이는 컴포저블 함수 개수를 줄이고 코드를 더욱 깔끔하게 만드는 효과를 낸다.

다음 절에서는 다시 한 번 젯팩 컴포즈 내부를 들여다볼 것이다. 이를 통해 레이아웃 프로세스가 어떻게 동작하는지와 방식이 전통적인 뷰 기반의 접근 방식보다 훨씬 효과적인 이유를 알아본다.

단일 측정 단계의 이해

UI 요소 계층 구조를 배치한다는 것은 모든 요소의 크기를 결정하고 부모 요소의 레이아웃 전략에 기반을 두고 화면에 요소를 위치시키는 것을 의미한다. 처음에는 텍스트의 크기를 구하는 것이 그리 복잡해 보이지 않을 것이다. 이는 결국 출력될 폰트와 텍스트에 의해 결정된다. 다음은 Column()에 두 개의 텍스트를 배치하는 예제다.

```
@Composable
@Preview
fun ColumnWithTexts() {
  Column {
    Text(
      text = "Android UI development with Jetpack Compose",
      style = MaterialTheme.typography.h3
    )
    Text(
      text = "Hello Compose",
        style = MaterialTheme
          .typography.h5.merge(TextStyle(color = Color.Red))
```

```
            )
        }
    }
```

미리 보기로 확인해보면 첫 번째 텍스트가 가로 모드보다 세로 모드에서 수직으로 더 많은 공간이 필요하다는 것을 알 수 있다. 두 번째 텍스트는 항상 한 줄로 맞춰서 나타난다. 컴포저블이 화면에서 차지하는 크기는 외부에서 유입된 조건에 일부 영향을 받는다. 여기서 열(부모)의 최대 너비는 첫 번째 텍스트의 높이에 영향을 끼친다. 이러한 조건을 제약 조건constraints이라고 부른다. '커스텀 레이아웃 작성' 절에서 관련 내용을 직접 살펴본다. 여기서 말하는 제약 조건은 ConstraintLayout()에서 사용한 제약 조건과는 다르다는 것을 명심하자.

레이아웃은 콘텐츠의 크기를 얻거나 측정하고 나면 자식(콘텐츠)을 배치할 것이다. Column() 코드를 살펴보면서 어떻게 동작하는지 살펴보자.

```
65   @Composable
66   inline fun Column(
67       modifier: Modifier = Modifier,
68       verticalArrangement: Arrangement.Vertical = Arrangement.Top,
69       horizontalAlignment: Alignment.Horizontal = Alignment.Start,
70       content: @Composable ColumnScope.() → Unit
71   ) {
72       val measurePolicy = columnMeasurePolicy(verticalArrangement, horizontalAlignment)
73       Layout(
74           content = { ColumnScopeInstance.content() },
75           measurePolicy = measurePolicy,
76           modifier = modifier
77       )
78   }
```

그림 4.2: Column() 소스코드

이 컴포저블 함수는 매우 간단하다. measurePolicy에 값을 할당하는 부분을 제외하면 그저 content와 measurePolicy 그리고 modifier를 Layout()에 전달해 호출할 뿐이다. Layout() 소스코드는 UI 요소를 내보낸다는 의미가 무엇인지 이해하고자 3장의 'UI 요소 내보내기' 절에서 간략히 살펴봤다. 이제 레이아웃 프로세스에 집중하자. measurePolicy 변수는 MeasurePolicy 인터페이스의 구현체를 참조한다. 이 경우에는 columnMeasurePollicy()를 호출한 결괏값이 이에 해당한다.

측정 정책 정의

columnMeasurePolicy() 호출은 verticalArrangement와 horizontalAlignment 값에 따라 DefaultColumnMeasurePolicy(변수)를 반환하거나 rowColumnMeasurePolicy()의 결과를 반환한다. DefaultColumnMeasurePolicy는 rowColumnMeasurePolicy를 호출한다. 따라서 이 함수는 Column()에 대한 측정 정책을 정의하게 된다. rowColumnMeasurePolicy 함수는 MeasurePolicy를 반환한다.

> **팁**
>
> Ctrl 키를 누른 상태로 columnMeasurePolicy와 같은 함수명을 선택하면 정책에 대한 소스코드를 살펴볼 수 있다는 것을 기억하자.

MeasurePolicy는 androidx.compose.ui.layout 패키지에 포함돼 있다. 이 인터페이스는 레이아웃을 어떻게 측정하고 배치할지 정의하기 때문에 미리 정의된(예를 들면 Box(), Row(), Column()) 레이아웃과 커스텀 레이아웃의 기본 구성 요소가 된다. MeasurePolicy에서 가장 중요한 함수는 MeasureScope의 확장 함수인 measure()다. 이 함수는 List<Measurable>과 Constraints 이렇게 두 개의 매개변수를 받는다. 리스트에서 각각의 요소는 자식 레이아웃을 나타낸다. 이러한 레이아웃은 Measurable.measure()을 사용해 측정할 수 있다. 이 함수는 자식 레이아웃이 확장하고자 하는 크기를 나타내는 Placeable 인스턴스를 반환한다.

MeasureScope.measure()는 MeasureResult 인스턴스를 반환한다. 이 인터페이스는 다음의 컴포넌트를 정의한다.

- 레이아웃의 크기(width, height)

- 정렬선(aligmentLines)

- 자식 요소를 배치하기 위한 로직(placeChildren())

'커스텀 레이아웃 작성' 절에서 MeasureResult 구현체를 확인할 수 있다.

정렬선은 부모 레이아웃이 자식 레이아웃을 정렬하고 배치하는 데 사용하는 오프셋 선을 정의한다. 예를 들어 텍스트의 기준선이 정렬선이 된다.

UI의 복잡도에 따라 레이아웃은 자식 레이아웃이 자신의 경계 안에 잘 맞지 않는다는 것을 발견할 수도 있다. 이때 레이아웃은 다른 측정 환경설정measurement configurations을 전달해 자식 레이아웃을 다시 측정하고 싶을 수도 있다. 안드로이드 View 시스템에서는 자식 레이아웃을 다시 측정하는 것이 가능하지만 이는 성능 저하를 일으킬 수 있다. 따라서 젯팩 컴포즈 환경에서 레이아웃은 콘텐츠를 한 번만 측정한다. 다시 측정하려고 시도할 경우 예외를 발생시킬 것이다.

반면 레이아웃은 자식 레이아웃의 고유 크기intrinsic size를 질의할 수 있으며, 이를 사용해 크기나 위치를 지정한다. MeasurePolicy에서는 IntrinsicMeasureScope에 대한 네 가지 확장 함수를 정의하고 있다. minInstrinsicWidth()와 maxIntrinsicWidth()는 주어진 특정 높이에서 레이아웃의 최소 또는 최대 너비 값을 반환하기 때문에 레이아웃의 콘텐츠는 완벽히 그려질 수 있다. minIntrinsicHeight()와 maxIntrinsicHeight()는 주어진 특정 너비에서 레이아웃의 최대 최소 높이 값을 반환하기 때문에 레이아웃의 콘텐츠는 완벽히 그려질 수 있다. 코드가 어떻게 동작하는지 이해하고자 위 코드 중 하나를 간략히 살펴보자.

```
        The function used to calculate IntrinsicMeasurable.minIntrinsicWidth. It represents the minimum width this
        layout can take, given a specific height, such that the content of the layout can be painted correctly.

94  ●┤  fun IntrinsicMeasureScope.minIntrinsicWidth(
95          measurables: List<IntrinsicMeasurable>,
96          height: Int
97      ): Int {
98          val mapped = measurables.fastMap {
99              DefaultIntrinsicMeasurable(it, IntrinsicMinMax.Min, IntrinsicWidthHeight.Width)
100         }
101         val constraints = Constraints(maxHeight = height)
102         val layoutReceiver = IntrinsicsMeasureScope( density: this, layoutDirection)
103         val layoutResult = layoutReceiver.measure(mapped, constraints)
104         return layoutResult.width
105     }
```

그림 4.3: minIntrinsicWidth() 소스코드

IntrinsicMeasureScope.minIntrinsicWidth()는 height와 자식 요소의 목록(measurables)
이렇게 두 개의 매개변수를 전달받는다. IntrinsicMeasurable 인터페이스는 특정
요소의 최소 또는 최댓값을 얻는 네 개의 함수를 정의한다(minIntrinsicWidth(), maxIntrinsic
Width(), minIntrinsicHeight(), maxIntrinsicHeight()). 각 measurable 요소는 DefaultIntrinsic
Measurable 인스턴스로 변환된다. 이 클래스는 Measurable 인터페이스를 구현하
므로 measure()의 구현체를 제공하게 된다. 이 함수는 주어진 height에 대해 가능
한 한 가장 작은 너비를 제공하는 FixedSizeIntrinsicPlaceable을 반환한다. 변
환된 자식 요소는 IntrinsicMeasureScope의 인스턴스를 통해 측정된다.

Constraints로 돌아옴으로써 컴포즈 레이아웃 프로세싱 내부를 살펴보는 일을 끝
마치려 한다. 예제에서 Constraints는 MeasureScope.measure()에 전달된다. 이
클래스는 androidx.compose.ui.unit 패키지에 포함돼 있다. 클래스는 minWidth,
minHight, maxWidth, maxHeight 이렇게 네 가지 값을 저장한다. 이 값은 자식 레이
아웃이 스스로를 측정할 때 반드시 준수해야 하는 최소 또는 최댓값으로 정의된다.
따라서 레이아웃의 너비는 minWidth보다 작을 수 없고 maxWidth보다 클 수 없다.
높이 역시 minHeight와 maxHeight 범위 안에 들어와야 한다.

동반 객체에는 Infinity 상수가 정의돼 있다. 이 값은 제약 사항을 무한대로 간주
하는 경우 이를 암시하는 데 사용된다. 최상위 Constraints() 함수를 호출해

Constraints 인스턴스를 생성할 수 있다.

많은 내용을 살펴봤다. 다음으로 넘어가기 전에 지금까지 배운 내용을 복습해보자.

- Layout() 컴포저블 함수는 콘텐츠, 측정 정책, 변경자 이렇게 세 개의 매개변수를 받는다.

- 측정 정책은 레이아웃을 어떻게 측정하고 위치시킬지 정의한다.

- 레이아웃의 고유 크기는 해당 입력값의 최소 또는 최대 크기를 결정한다.

전통적인 뷰 시스템에서는 부모 뷰가 자식 뷰에 measure() 메서드를 한 번 이상 호출할지도 모른다(자세한 내용은 https://developer.android.com/guide/topics/ui/how-android-draws를 참고하자). 반면 젯팩 컴포즈에서는 자식 뷰를 화면상에 배치하기 전에 딱 한 번만 측정되기를 요구한다. 이는 측정성을 향상하는 결과를 불러온다.

다음 절에서는 지금까지 배운 지식을 사용해 간단한 커스텀 레이아웃을 만들어본다. 자식 레이아웃은 왼쪽에서 오른쪽으로, 위에서 아래로 위치한다. 한 열이 다 채워지면 그다음은 밑의 줄에서 시작한다.

⁝⁝⁝ 커스텀 레이아웃 작성

때때로 자식 요소를 한 줄에 차례대로 배치하고 한 줄이 다 차면 새로운 줄에서 다시 시작되게 구성하고 싶을 수도 있다. 다음 그림에서 보이는 것처럼 Custom LayoutDemo 샘플 앱에서는 이러한 기능을 어떻게 구현하는지 보여준다. 예제에서는 가로세로 길이가 여러 가지인 43개의 임의의 색을 입힌 박스를 생성한다.

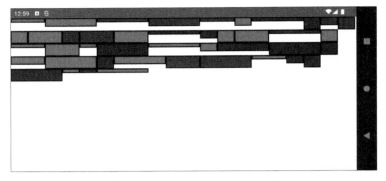

사진 4.4: CustomLayoutDemo 샘플 앱

색을 입힌 박스를 생성하는 컴포저블 함수를 살펴보는 것부터 시작해보자.

```
@Composable
fun ColoredBox() {
  Box(
    modifier = Modifier
      .border(
        width = 2.dp,
        color = Color.Black
      )
      .background(randomColor())
      .width((40 * randomInt123()).dp)
      .height((10 * randomInt123()).dp)
  )
}
```

배경색을 갖는 박스는 검은색에 밀도 독립 픽셀 값이 2인 테두리를 갖는 Box()로 이뤄진다. width()와 height() 변경자는 박스를 선호하는 크기로 설정한다. 이는 레이아웃이 이 값을 재정의할 수 있다는 것을 의미한다. 예제에서는 단순화하기 위해 따로 재정의하지 않았다. randomInt123()은 무작위로 1, 2, 3을 반환한다.

```
private fun randomInt123() = Random.nextInt(1, 4)
```

randomColor()는 무작위로 빨간색, 녹색, 파란색을 반환한다.

```
private fun randomColor() = when (randomInt123()) {
    1 -> Color.Red
    2 -> Color.Green
    else -> Color.Blue
}
```

다음으로는 배경색을 갖는 박스를 어떻게 생성하는지, 어떻게 커스텀 레이아웃의
콘텐츠로 설정되는지를 보여준다.

```
@Composable
@Preview
fun CustomLayoutDemo() {
    SimpleFlexBox {
        for (i in 0..42) {
            ColoredBox()
        }
    }
}
```

SimpleFlexBox()는 커스텀 레이아웃이다. 이 레이아웃은 미리 정의된 다른 레이아
웃처럼 사용된다. 심지어 변경자도 제공할 수 있다(코드를 단순화하려고 여기서는 사용하지 않았다).
그렇다면 커스텀 레이아웃은 어떻게 동작할까? 한번 알아보자.

```
@Composable
fun SimpleFlexBox(
```

```
    modifier: Modifier = Modifier,
    content: @Composable () -> Unit
) {
  Layout(
    modifier = modifier,
    content = content,
    measurePolicy = simpleFlexboxMeasurePolicy()
  )
}
```

커스텀 레이아웃은 적어도 두 개의 매개변수를 받는데, content와 Modifier를 기본
값으로 갖는 modifier다. 추가적인 매개변수는 커스텀 레이아웃의 행위에 영향을
줄 수 있다. 예를 들어 자식 레이아웃 정렬을 구성할 수 있게 만들고 싶을 수도
있다. 예제에서는 코드를 단순화하고자 이렇게까지 하진 않았다.

앞 절에서 확인했다시피 측정과 위치 지정은 측정 정책을 통해 정의된다. 다음 절에
서 이를 어떻게 구현하는지 보여준다.

커스텀 측정 정책 구현

이 시점에서 필자는 커스텀 레이아웃을 위한 거의 모든 코드를 보여줬다. 유일하
게 빠진 내용이 바로 측정 정책이다. 이번에는 측정 정책이 어떻게 동작하는지
살펴보자.

```
private fun simpleFlexboxMeasurePolicy(): MeasurePolicy =
  MeasurePolicy { measurables, constraints ->
    val placeables = measurables.map { measurable ->
      measurable.measure(constraints)
    }
    layout(
```

```
        constraints.maxWidth,
        constraints.maxHeight
    ) {
        var yPos = 0
        var xPos = 0
        var maxY = 0
        placeables.forEach { placeable ->
            if (xPos + placeable.width >
                constraints.maxWidth
            ) {
                xPos = 0
                yPos += maxY
                maxY = 0
            }
            placeable.placeRelative(
                x = xPos,
                y = yPos
            )
            xPos += placeable.width
            if (maxY < placeable.height) {
                maxY = placeable.height
            }
        }
    }
}
```

MeasurePolicy 구현체는 MeasureScope.measure() 구현체를 제공해야만 한다. 이 함수는 MeasureResult 인터페이스의 객체를 반환한다. 여러분이 이를 구현할 필요는 없다. 대신 layout()을 호출해야만 한다. 이 함수는 MeasureScope에 포함돼 있다.

측정한 레이아웃 크기와 Placeable.PlacementScope의 확장 함수인 placementBlock 을 전달한다. 이는 부모 좌표계에서 자식을 배치하고자 placeRelative()와 같은 함수를 호출할 수 있다는 것을 의미한다.

측정 정책은 콘텐츠나 자식 레이아웃을 List<Measureable>로 전달받는다. '단일 측정 단계의 이해' 절에서 확인한 것처럼 자식 레이아웃은 배치 전에 정확히 한 번만 측정된다. 이러한 동작은 각각의 measureable에 있는 measure()를 호출하는 placelables의 맵을 생성해 처리할 수 있다. 예제에서는 자식 뷰에 제약 사항을 더 추가하는 대신 주어진 제약 사항으로 뷰를 측정한다.

palcementBlock은 placeables를 반복하면서 xPos와 yPos를 증가시켜 placeable 의 위치를 계산한다. placeRelative()를 호출하기 전에, 알고리듬은 placeable이 현재 열에 완벽히 맞는지 여부를 확인한다. 그렇지 않으면 yPos는 증가하고 xPos는 0으로 재설정될 것이다. yPos가 얼마나 증가할지는 현재 열에 있는 모든 placeable 의 최대 높이 값에 달려 있다. 이 값은 maxY에 저장된다.

지금까지 살펴본 것처럼 간단한 커스텀 레이아웃을 구현하는 것은 어렵지 않다. 정렬선(X...에 도움이 되거나 필요한)과 같은 고급 주제는 이 책의 범위를 벗어난다. 이와 관련된 더 많은 정보는 https://developer.android.com/jetpack/compose/layouts/alignment-lines에서 확인할 수 있다.

⁝⁝⁝ 요약

4장에서는 Row(), Column(), Box()와 같이 미리 정의된 레이아웃을 살펴봤다. 아름다운 UI를 만들 때 이러한 레이아웃을 조합하는 방법을 알아봤다. 또한 화면에서 컴포저블 함수들을 서로 상대적으로 배치하고 UI 요소 계층 구조를 평탄화하는 ConstraintLayout도 알아봤다.

두 번째 절에서는 젯팩 컴포즈의 레이아웃 시스템이 전통적인 뷰 기반의 접근 방식보다 성능이 우수한 이유를 알아봤다. 여기서는 4장의 마지막 절인 '커스텀 레이아웃 작성' 절을 준비하고자 컴포즈 런타임 내부의 일부를 살펴봤다. '커스텀 레이아웃 작성' 절에서는 커스텀 레이아웃을 작성하는 방법을 알아보고, 그로 인해 자식 레이아웃의 렌더링을 정밀하게 제어하는 방법을 알게 됐다.

5장에서는 상태와 관련된 지식을 더욱 심화시킬 것이다. 상태를 갖지 않는 컴포저블 함수와 상태를 갖는 컴포저블 함수 간의 차이점을 알아본다. 또한 환경설정 변경 사항을 유지하는 것과 같은 고급 사용 사례도 알아본다.

05

컴포저블 함수 상태 관리

3장에서는 슬라이더를 조절해 빨간색, 녹색, 파란색을 설정하는 방법을 알아봤다. 이때 컴포저블 함수 간 값을 공유하고자 **상태**^{state}를 사용했다. 4장의 다른 여러 샘플 앱에서도 상태를 다뤘다. 사실 상태 변화에 대응하는 것은 최신 모바일 앱이 작동하는 방식에서 매우 중요한 사항이다.

지금까지 상태를 시간이 흐름에 따라 변할 수 있는 데이터로 묘사했다. `remember { }`와 `mutableStateOf()` 같은 몇 가지 중요한 함수도 살펴봤다. 또한 **상태 호이스팅**^{state hoisting}이라 불리는 개념도 짧게나마 살펴봤다.

5장은 이러한 토대를 기반으로 한다. 예를 들어 상태를 갖지 않는 컴포저블과 상태를 갖는 컴포저블 간의 차이점을 이해하고 언제 어떠한 것을 선택해야 할지 살펴본다. 또한 잘 동작하는 컴포즈 앱에서 이벤트가 어떻게 흘러가는지도 보여준다.

5장에서 다루는 내용은 다음과 같다.

- 상태를 갖거나 갖지 않는 컴포저블 함수 이해

- 상태 호이스팅과 이벤트 전달

- 환경설정 변경에도 데이터 유지

먼저 상태를 갖는 컴포저블 함수와 상태를 갖지 않는 컴포저블 함수 간의 차이점을 알아보는 것부터 시작한다. 이러한 함수의 대표적인 사용 사례를 살펴보고 상태를 갖지 않는 컴포저블 함수로 유지하도록 노력해야 하는 이유를 이해하게 될 것이다. 상태 호이스팅은 이를 달성하기 위한 도구다. 두 번째 절에서 이 중요한 주제를 다룬다. 또한 로직을 컴포저블 내부에 구현하는 대신 매개변수로 전달해 컴포저블 함수를 재활용할 수 있음을 보여준다.

마지막으로 '환경설정 변경에도 데이터 유지' 절에서는 사용자 입력을 유지하는 방법을 고려하면서 액티비티에서 컴포즈 UI 계층 구조를 통합하는 방법을 알아본다. 사용자가 세로 모드에서 가로 모드로 변경할 경우(또는 반대의 경우) 액티비티는 종료 후 다시 실행된다. 물론 입력값이 손실돼서는 안 된다. 컴포즈 앱이 이를 달성할 수 있는 몇 가지 방법을 알아본다.

⁛ 기술 요구 사항

5장은 세 가지 샘플 앱이 포함돼 있다. 안드로이드 스튜디오를 다운로드하거나 설치하고 설정하는 방법은 1장의 '기술 요구 사항' 절을 참고하기 바란다. StateDemo는 '상태를 갖거나 갖지 않는 컴포저블 함수 이해' 절에 있는 모든 예제를 포함하고 있다. '상태 호이스팅과 이벤트 전달' 절의 내용은 FlowOfEventsDemo 샘플에서 다룬다. 마지막으로 ViewModelDemo의 내용은 '환경설정 변경에도 데이터 유지' 절에서 다룬다.

5장의 코드는 깃허브 https://github.com/PacktPublishing/Android-UI-Development-with-Jetpack-Compose/tree/main/chapter_05에서 확인할 수 있다.

⠿ 상태를 갖거나 갖지 않는 컴포저블 함수 이해

이번 절에서는 상태를 갖는 컴포저블 함수와 상태를 갖지 않는 컴포저블 함수의 차이점을 보여준다. 이 내용이 중요한 이유를 이해하고자 먼저 상태^{state}라는 용어에 집중해보자. 4장에서는 상태를 시간이 흐름에 따라 변하는 데이터로 설명했다. 데이터가 어디에 있는지는(SQLite 데이터베이스, 파일, 또는 객체 내부에 값으로 존재) 중요한 게 아니다. UI는 항상 현재 데이터를 보여줘야만 한다는 것이 중요하다. 따라서 값이 변경되면 반드시 UI에 알려야 한다. 이를 위해 **옵저버블**^{observable} 타입을 사용한다. 이는 젯팩 컴포즈에 특화된 것이 아니라 여러 프레임워크나 프로그래밍 언어와 플랫폼에서 통용되는 일반적인 패턴이다. 예를 들어 코틀린은 프로퍼티 델리게이트를 통해 옵저버블을 지원한다.

```
var counter by observable(-1) { _, oldValue, newValue ->
    println("$oldValue -> $newValue")
}
for (i in 0..3) counter = i
```

observable()은 읽기와 쓰기가 가능한 프로퍼티를 위한 델리게이트를 반환한다. 앞에서 살펴본 코드에서는 초깃값이 -1로 설정돼 있다. 프로퍼티는 값이 변경되면 (counter = i) 명시된 함수를 호출한다. 예제에서는 이전 값과 새로운 값을 출력한다. 명령형 UI 프레임워크에서는 상태가 바뀌면 컴포넌트 트리가 변경되기를 요구한다. 이러한 코드는 콜백 함수 안에 넣을 수 있다. 다행히도 젯팩 컴포즈는 이러한 요구를 하지 않는데, 상태가 변경되면 자동으로 관련된 UI 요소를 재구성하도록 동작하기 때문이다. 어떻게 동작하는지 한번 살펴보자.

androidx.compose.runtime.State는 기본 인터페이스로, value라는 이름을 갖는 프로퍼티에 특정 타입의 값을 저장하는 객체인 값 홀더^{value holder}를 정의한다. 컴포저블 함수가 실행되는 동안 이 프로퍼티를 읽는다면 컴포저블은 value가 변경될 때마다 재구성될 것이다. 내부적으로 현재 RecomposeScope 인터페이스가 값의 변경 사항을 구독하고 있을 것이기 때문이다. 값이 변경될 수 있게 하려면 상태가 MutableState의 구현체로 돼야만 한다는 것을 기억하자. 이 인터페이스는 앞서 언급한 내용(State)과는 달리 val이 아닌 var를 사용해 값을 정의한다.

State 인스턴스를 생성하는 가장 쉬운 방법은 mutableStateOf()를 호출하는 것이다. 이 함수는 전달한 값으로 초기화된 새로운 MutableState 인스턴스를 반환한다. 다음 절에서는 상태를 갖는 컴포저블 함수를 생성하고자 mutableStateOf()를 사용하는 방법을 설명한다.

컴포저블 함수에서 상태 사용

컴포저블 함수가 값을 유지(기억)할 경우 이러한 컴포저블 함수는 상태를 가진stateful다고 이야기한다. 이러한 기능은 remember { }를 호출해 구현한다. 한번 살펴보자.

```
@Composable
@Preview
fun SimpleStateDemo1() {
    val num = remember { mutableStateOf(Random.nextInt(0, 10)) }
    Text(text = num.value.toString())
}
```

SimpleStateDemo1()은 임의의 정수를 보유하는 변경 가능한 상태를 생성한다. remember { }를 호출해 상태를 저장하고 =를 사용해 num에 할당한다. 그러면 num.value로 임의 숫자를 얻게 된다. val 키워드를 사용해 num을 정의하긴 했지만 num은 변경할 수 있는 값 홀더(홀더의 value는 읽기 쓰기가 가능하다)의 참조를 갖고 있기 때문에 num.value = ...로 값을 변경할 수 있다는 것을 명심하자. 이는 리스트를 다른 리스트로 변경하기보다는 리스트 안에 있는 아이템을 변경하는 것으로 생각할 수 있다. 다음과 같이 코드를 조금 변경해보자. 차이점을 발견했는가?

```
@Composable
@Preview
fun SimpleStateDemo2() {
    val num by remember { mutableStateOf(Random.nextInt(0, 10)) }
    Text(text = num.toString())
}
```

SimpleStateDemo2()도 임의의 숫자를 보유하는 변경 가능한 상태를 생성한다. 여기서는 by를 사용해 상태 자신을 num에 할당하지 않고 값을 저장했다(임의의 숫자가 저장됨). 이러한 방식은 .value를 사용하지 않게 해서 코드를 더욱 간결하고 이해하기쉽게 만들어준다. 그러나 num을 변경하고자 한다면 val을 var로 수정해야 한다. 그렇지 않으면 Val cannot be reassigned라는 에러 메시지를 보게 된다.

remember { }가 내부에서 어떠한 일을 하는지 궁금할 것이다. 내부 코드를 들여다보면서 이에 대해 알아보자.

```
     Remember the value produced by calculation. calculation will only be evaluated during the composition.
     Recomposition will always return the value produced by composition.
23   @Composable
24   inline fun <T> remember(calculation: @DisallowComposableCalls () → T): T =
25       currentComposer.cache( invalid: false, calculation)
26
```

그림 5.1: remember { } 소스코드

최상위 읽기 전용 currentComposer 프로퍼티는 androidx.compose.runtime 패키지에 포함돼 있다. 이 프로퍼티는 Composer 인스턴스를 참조한다. 이 인터페이스는 컴포즈 코틀린 컴파일러 플러그인의 대상이 되며 코드 생성 도우미에서 사용된다. 런타임은 컴파일러에서 호출을 생성할 것이라고 가정하고 이에 따라 여러 유효성 로직을 포함하지 않기 때문에 이 프로퍼티를 직접 호출해서는 안 된다. Cache()는 Composer의 확장 함수다. 이 함수는 컴포지션의 컴포지션 데이터에 있는 값을 저장한다. 따라서 remember { }는 내부 상태를 생성한다. 결국 remember { }를 포함하는 컴포저블 함수는 상태를 갖게 된다.

calculation은 기억할 값을 생성하는 람다 표현식을 나타낸다. 이 표현식은 구성되는 동안 단 한 번만 평가된다. 그다음에 remember { }를 호출하면(재구성 단계) 항상 이 값이 반환된다. 표현식은 다시 평가되지 않는다. 그런데 계산을 다시 해야 한다면, 즉 새로운 값을 기억해야 한다면 어떻게 해야 할까? 결국 상태 데이터는 시간이 지남에 따라 변할 수 있는 게 아닐까? 다음 코드에서는 이를 어떻게 할 수 있는지 보여준다.

```
@Composable
@Preview
fun RememberWithKeyDemo() {
  var key by remember { mutableStateOf(false) }
  val date by remember(key) { mutableStateOf(Date()) }
  Column(horizontalAlignment = Alignment.CenterHorizontally) {
    Text(date.toString())
    Button(onClick = { key = !key }) {
      Text(text = stringResource(id = R.string.click))
    }
  }
}
```

RememberWithKeyDemo()의 미리 보기는 그림 5.2와 같다.

그림 5.2: RememberWithKeyDemo() 미리 보기

RememberWithKeyDemo()는 수평적으로 가운데 정렬된 두 개의 자식 요소를 갖는 Column()을 반환한다.

• Text()는 기억된 Date 인스턴스의 문자열 표현을 보여준다.

144

- Button()은 불리언 값(key)을 토글한다.

앞 코드에서 key를 remember { mutableStateOf(Date()) }로 전달하는 것을 발견했는가? 무슨 일이 일어나는지 살펴보자. remember { }가 처음으로 호출되면 계산 결과(mutableStateOf(Date()))를 기억하고 반환한다. 재구성되는 동안 키가 이전 구성과 동일하다면 계산은 재평가되지 않는다. 동일하지 않은 경우에는 새로운 값으로 계산하고, 이 값을 기억하고 반환한다.

> **팁**
>
> remember { }에는 다수의 키를 전달할 수 있다. 이전 구성 단계 이후로 그중 하나가 변경됐다면 계산은 재평가되며, 새로운 값을 기억하고 이 값을 반환하게 된다.

키를 remember { }에 전달하면 기억된 값을 변경할 수 있다. 하지만 이러한 동작은 컴포저블 함수를 예측하기 어렵게 만든다는 것을 명심하자. 따라서 어떠한 로직이 컴포저블이 돼야 할지 또는 모든 상태를 전달해야 할지 잘 고려해야 한다.

다음 절에서는 상태를 갖지 않는 컴포저블 함수를 알아본다.

상태를 갖지 않는 컴포저블 함수 작성

remember { }는 컴포저블 함수가 상태를 갖게 만든다. 반면 상태를 갖지 않는 컴포저블은 어떠한 상태도 보유하지 않는다. 예제를 살펴보자.

```
@Composable
@Preview
fun SimpleStatelessComposable1() {
    Text(text = "Hello Compose")
}
```

SimpleStatelessComposable1()은 매개변수를 전달받지 않으며 항상 동일한 매개변수로 Text()를 호출한다. 명백히 이 함수는 어떠한 상태도 보유하지 않는다. 그러나 다음은 어떨까?

```
@Composable
fun SimpleStatelessComposable2(text: State<String>) {
    Text(text = text.value)
}
```

이 함수는 text 매개변수로 상태를 전달받지만 저장하지 않고 다른 상태를 기억하지도 않는다. 따라서 SimpleStatelessComposable2() 역시 상태를 갖지 않는다고 말할 수 있다. 동일한 매개변수로 여러 번 호출하면 동일한 결과를 얻는다. 이러한 함수를 멱등성[idempotent][1]을 가졌다고 이야기한다. 컴포저블 함수를 만드는 경우 SimpleStatelessComposable2()는 좋은 청사진이 될 수 있다. 이러한 컴포저블 함수는 다음 사항을 준수해야 한다.

- **빠름**: 컴포저블은 무거운(시간이 많이 소요되는) 연산을 하지 말아야 한다. 웹 서비스나 어떠한 I/O도 호출해서는 안 된다. 컴포저블에서 사용하는 데이터는 전달받는 형식이 돼야 한다.

- **부수 효과에서 자유로움**: 전역 프로퍼티를 수정하거나 의도치 않은 옵저버블 효과를 생산하지 말아야 한다(컴포저블로 전달된 상태를 수정하는 것은 확실히 의도된 행위다).

- **멱등성**: remember { }를 사용하지 않고 전역 프로퍼티에도 접근하지 않으며 예측 불가능한 코드를 호출하지 말아야 한다. 예를 들어 SimpleStateDemo1()과 DimpleStateDemo2()는 Random.nextInt()를 사용하는데, 정의에 의하면(사실상) 이는 예측하기 어렵다.

---

1. 자세한 내용은 https://ko.wikipedia.org/wiki/멱등법칙을 참고한다. - 옮긴이

이러한 컴포저블 함수는 매개변수로 전달되지 않은 정보에는 의존하지 않기 때문에 재사용하기 쉬울 뿐만 아니라 테스트도 용이하다.

재사용할 수 있는 컴포저블을 개발하는 경우 상태를 갖는 컴포저블이나 상태를 갖지 않는 컴포저블 모두를 노출하고 싶을 수 있다. 어떠한 형태인지 한번 살펴보자.

```kotlin
@Composable
fun TextFieldDemo(state: MutableState<TextFieldValue>) {
  TextField(
    value = state.value,
    onValueChange = {
      state.value = it
    },
    placeholder = { Text("Hello") },
    modifier = Modifier.fillMaxWidth()
  )
}
```

위 버전은 상태를 전달받지만 어떠한 것도 기억하지 않기 때문에 상태를 갖지 않는다고 말할 수 있다. 호출자가 상태를 제어하고자 하거나 이를 호이스팅하고자 하는 경우 상태를 갖지 않는 버전이 필요하다.

```kotlin
@Composable
@Preview
fun TextFieldDemo() {
  val state = remember { mutableStateOf(TextFieldValue("")) }
  TextFieldDemo(state)
}
```

위 버전은 생성한 상태를 기억하기 때문에 상태를 갖는다고 말할 수 있다. 상태에 대해 신경 쓰지 않는 호출자의 경우에는 상태를 갖는 버전이 편리하다.

결론을 내리면 remember { }나 상태를 기억하는 다른 함수(예를 들면 rememberLazyListState() 또는 rememberSaveable()과 같은 함수)에 의존하지 않는 상태를 갖지 않는 컴포저블을 만들도록 노력해야 한다. 대신 상태를 컴포저블에 전달하자. 다음 절에서 여러 사용 사례를 살펴본다.

⁝⁝ 상태 호이스팅과 이벤트 전달

이렇듯 상태는 시간이 지남에 따라 변경할 수 있는 값이다. 젯팩 컴포즈는 선언적 UI 프레임워크이기 때문에 컴포저블을 업데이트하는 유일한 방법은 새로운 인자와 함께 함수를 호출하는 것이다. 이 동작은 컴포저블이 사용하고 있는 상태가 변경되면 자동으로 일어난다. 상태 호이스팅은 상태를 갖지 않는 컴포저블로 만들고자 상태를 상위로 이동시키는 패턴이다.

컴포저블을 좀 더 재사용하기 쉽고 테스트에 용이하게 하는 것 외에도 하나 이상의 컴포저블 함수에서 상태를 사용하려면 상태를 상위로 올리게 할 필요가 있다. 이미 샘플 앱에서 이러한 경우를 여러 번 봤다. 예를 들어 3장의 'UI 구성 또는 재구성' 절에서는 색상을 생성하고 화면에 나타내려고 세 가지 슬라이더를 사용했었다.

상태가 컴포저블 함수의 시각적 표현을 제어하는 데 반해 이벤트^{event}는 프로그램의 일부에서 어떤 일이 발생했음을 알린다. 이를 좀 더 알아보자. FlowOfEventsDemo 앱은 간단한 온도 변환기다. 사용자는 값을 입력하고 섭씨나 화씨로 나타낼지 명시한 후 변환^{Convert} 버튼을 누른다.

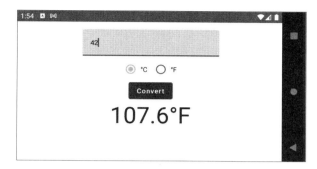

그림 5.3: FlowOfEventsDemo 샘플 앱

UI는 텍스트 입력 필드, 텍스트가 있는 라디오 버튼 그룹, 버튼, 결과 텍스트 이렇게
네 가지 자식 요소를 포함하는 `Column()`으로 이뤄진다. 먼저 텍스트 입력 필드부터
살펴보자.

```
@Composable
fun TemperatureTextField(
    temperature: MutableState<String>,
    modifier: Modifier = Modifier,
    callback: () -> Unit
) {
    TextField(
        value = temperature.value,
        onValueChange = {
            temperature.value = it
        },
        ...
        modifier = modifier,
        keyboardActions = KeyboardActions(onAny = {
            callback()
        }),
        keyboardOptions = KeyboardOptions(
            keyboardType = KeyboardType.Number,
            imeAction = ImeAction.Done
```

```
        ),
        singleLine = true
    )
}
```

이 함수는 MutableState<String>을 전달받으며 onValueChange { }에서 텍스트의
변경 사항을 MutableState<String>에 저장한다. 가상 키보드는 완료[Done] 버튼이 나
타나게 설정된다. 이 버튼을 누르면 callback을 통해 컴포저블로 전달된 코드가
실행된다. 나중에 보겠지만 사용자가 변환[Convert] 버튼을 눌렀을 때도 동일한 코드가
실행될 것이다.

다음 절에서는 라디오 버튼을 생성하고 한 번에 한 가지 버튼만 선택되게 하고자
버튼을 그룹화하는 방법을 살펴본다. 또한 그림 5.3에 나온 버튼과 결과 텍스트도
다룬다.

라디오 버튼 그룹 생성

이 앱은 온도를 섭씨와 화씨로 전환한다. 따라서 사용자는 목표 지점을 선택해야만
한다. 젯팩 컴포즈에서는 androidx.compose.material.RadioButton()을 사용하
면 이러한 선택을 손쉽게 구현할 수 있다. 이 컴포저블은 설명을 하는 텍스트를
보여주진 않지만 텍스트는 손쉽게 추가할 수 있다. 어떻게 추가하는지 살펴보자.

```
@Composable
fun TemperatureRadioButton(
    selected: Boolean,
    resId: Int,
    onClick: (Int) -> Unit,
    modifier: Modifier = Modifier
) {
```

```
    Row(
      verticalAlignment = Alignment.CenterVertically,
      modifier = modifier
    ) {
      RadioButton(
        selected = selected,
        onClick = {
          onClick(resId)
        }
      )
      Text(
        text = stringResource(resId),
        modifier = Modifier
          .padding(start = 8.dp)
      )
    }
  }
```

RadioButton()과 Text()를 Row()에 간단히 추가한 후 수직 중앙에 위치시킨다.
TemperatureRadioButton()은 onClick 매개변수로 람다 표현식을 전달받는다. 라
디오 버튼을 클릭하면 람다 표현식이 실행된다. 위 구현체에서는 람다 표현식에
resId 매개변수를 전달하는데, 이 매개변수는 그룹 내의 버튼을 알아내는 데 사용된
다. 어떻게 사용되는지 살펴보자.

```
@Composable
fun TemperatureScaleButtonGroup(
  selected: MutableState<Int>,
  modifier: Modifier = Modifier
) {
  val sel = selected.value
  val onClick = { resId: Int -> selected.value = resId }
  Row(modifier = modifier) {
```

```
TemperatureRadioButton(
    selected = sel == R.string.celsius,
    resId = R.string.celsius,
    onClick = onClick
)
TemperatureRadioButton(
    selected = sel == R.string.fahrenheit,
    resId = R.string.fahrenheit,
    onClick = onClick,
    modifier = Modifier.padding(start = 16.dp)
)
    }
}
```

Row()에는 두 개의 TemperatureRadioButton()이 위치하게 된다. 첫 번째 버튼은 섭씨를 나타내도록 설정되고, 두 번째 버튼은 화씨를 나타내도록 설정된다. 두 버튼 모두 동일한 onClick 람다를 전달받는다. 람다는 TemperatureRadioButton()으로 부터 전달받은 resId 매개변수를 변경할 수 있는 상태 타입인 selected 매개변수의 새로운 값으로 설정한다. 이제 여기서 어떤 일이 일어나는가? 라디오 버튼 클릭 동작은 TemperatureRadioButton() 내부에서 처리되지 않고 부모인 Temperature RadioButtonGroup()으로 전달된다. 이처럼 버튼을 클릭한 이벤트를 버블업^{bubble up}이라 한다. 이와 같이 부모는 자신의 자식을 조정하고 자신의 부모에게 이를 알릴 수 있다. 예제에서는 상태를 변경하는 것이 여기에 해당된다.

다음으로 사용자가 변환^{Convert} 버튼을 클릭하면 어떤 일이 일어나는지 살펴보자. 일은 FlowOfEventsDemo() 내부에서 발생한다. 이 컴포저블 함수의 전체 구조는 다음과 같다.

```
@Composable
@Preview
```

```
fun FlowOfEventsDemo() {
    val strCelsius = stringResource(id = R.string.celsius)
    val strFahrenheit = stringResource(id = R.string.fahrenheit)
    val temperature = remember { mutableStateOf("") }
    val scale = remember { mutableStateOf(R.string.celsius) }
    var convertedTemperature by remember { mutableStateOf(Float.NaN) }
    val calc = {
        val temp = temperature.value.toFloat()
        convertedTemperature = if (scale.value == R.string.celsius)
            (temp * 1.8F) + 32F
        else
            (temp - 32F) / 1.8F
    }
    val result = remember(convertedTemperature) {
        if (convertedTemperature.isNaN())
            ""
        else
            "${convertedTemperature}${
                if (scale.value == R.string.celsius)
                    strFahrenheit
                else strCelsius
            }"
    }
    val enabled = temperature.value.isNotBlank()
    Column( ... ) {
        TemperatureTextField(
            temperature = temperature,
            modifier = Modifier.padding(bottom = 16.dp),
            callback = calc
        )
        TemperatureScaleButtonGroup(
            selected = scale,
            modifier = Modifier.padding(bottom = 16.dp)
        )
        Button(
```

```
        onClick = calc,
        enabled = enabled
    ) {
        Text( ... )
    }
    if (result.isNotEmpty()) {
        Text(
            text = result, ...
        )
    }
    }
}
```

전환 로직은 읽기 전용 변수인 **calc**에 할당된다. 이 변수는 `TemperatureTextField()`와 `Button()`에 전달된다. 내부에서 하드 코딩하지 않고 이벤트 응답에서 실행될 코드를 컴포저블 함수로 전달하는 것은 컴포저블을 더욱 재사용하기 쉽고 테스트하기 용이하게 만들어준다.

전환 후 표시되는 텍스트는 기억됐다가 `result`에 할당된다. `convertedTemperature`가 변경되면 `result`는 재평가된다. 이러한 동작은 `calc` 람다 표현식 내부에서 행해진다. 여기서는 키를 `remember { }`로 전달해야 한다는 것을 참고하자. 전달하지 않으면 사용자가 다른 지점을 선택하더라도 결과가 변경돼버린다.

다음 절에서는 상태를 어떻게 지속시키는지를 살펴본다. 좀 더 엄밀하게 이야기하면 환경설정 변경 내용으로 넘어간다. 사용자가 디바이스를 회전시키더라도 UI는 재설정돼서는 안 된다. 안타깝게도 지금까지 보여준 모든 샘플 앱에서는 이러한 문제가 발생한다. 이제 이 문제를 해결할 시간이다.

⠿ 환경설정 변경에도 데이터 유지

상태를 정의한 내용을 상기해보자. 시간이 흐름에 따라 변하는 데이터라는 것은 매우 광범위하다. 예를 들면 위 내용에서는 데이터가 어디에 저장돼 있는지 명시하지 않는다. 데이터가 데이터베이스나 파일 또는 클라우드의 백엔드에 있다면 앱은 전용 영속 계층^{persistence layer}을 포함해야 한다. 그러나 2017년, 구글이 안드로이드 아키텍처 컴포넌트^{Android Architecture Components}를 소개하기 전까지는 앱을 구성하는 방법에 대한 개발자 가이드가 사실상 존재하지 않았다. 그 결과로 영속성이 필요한 코드, UI 로직, 도메인 로직이 액티비티 하나에 잔뜩 쌓이게 됐다. 이러한 코드는 유지보수가 어려우며 종종 오류가 발생하기 쉽다. 더욱 복잡한 문제로는 액티비티가 종료됐다가 금세 다시 생성되는 경우가 있다. 예를 들어 사용자가 디바이스를 회전시키면 이러한 상황이 발생한다. 물론 이 경우 데이터는 보존돼야 한다.

Activity 클래스에는 이러한 상황을 처리하기 위한 메서드가 몇 가지 있다. 예를 들어 onSaveInstanceState()는 액티비티가 (일시적으로) 종료될 때 호출된다. 이와 대응 관계인 onRestoreInstanceState() 메서드는 이전에 상태 인스턴스가 저장된 적이 있는 경우에만 호출된다. 두 메서드 모두 다양한 데이터 타입의 게터와 세터가 있는 Bundle 인스턴스를 전달받는다. 그러나 상태 인스턴스의 개념은 전통적인 뷰 시스템을 위해 설계됐다. 대부분의 액티비티는 UI 요소의 참조를 보유하고 있으며, 그로 인해 onSaveInstanceState()와 onRestoreInstanceState() 내부에서 UI 요소에 손쉽게 접근할 수 있다.

반면 컴포저블은 일반적으로 최상위 함수로 구현된다. 그렇다면 액티비티 내부에서 어떻게 상태를 설정하고 질의할 수 있을까? 컴포즈 앱에서는 임시로 상태를 저장하고자 rememberSaveable { }을 사용한다. 이 컴포저블 함수는 팩토리 함수에서 생성된 값을 기억한다. 이 함수는 remember { }와 유사하게 동작한다. 저장된 값은 액티비티나 프로세스가 재생성되더라도 유지될 것이다. 내부적으로는 savedInstanceState 메커니즘이 사용된다. ViewModelDemo 샘플 앱에서는 rememberSaveable { }의 사용 방법을 보여준다. 다음 코드는 메인 액티비티다.

```kotlin
class ViewModelDemoActivity : ComponentActivity() {
    override fun onCreate(savedInstanceState: Bundle?) {
        super.onCreate(savedInstanceState)
        setContent {
            ViewModelDemo()
        }
    }
}
```

컴포저블에서 사용되는 상태를 임시로 저장하고자 onSaveInstanceState()를 재정의할 필요가 없다.

```kotlin
@Composable
@Preview
fun ViewModelDemo() {
    ...
    val state1 = remember {
        mutableStateOf("Hello #1")
    }
    val state2 = rememberSaveable {
        mutableStateOf("Hello #2")
    }
    ...
    state3.value?.let {
        Column(modifier = Modifier.fillMaxWidth()) {
            MyTextField(state1) { state1.value = it }
            MyTextField(state2) { state2.value = it }
            ...
        }
    }
}
```

앱은 state1, state2, state3에 할당된 상태에서 값을 전달받는 세 개의 텍스트 입력 필드를 갖는다. 이제부터는 처음 두 필드에 집중하자. state3는 'ViewModel 사용' 절의 주제가 된다. state1은 remember { }를 호출하는 반면 state2는 rememberSaveable { }을 호출한다. ViewModelDemo 앱을 실행해서 텍스트 입력 필드의 콘텐츠를 변경하고 디바이스를 회전시키면 첫 번째 필드는 원래 값으로 재설정되는 반면 두 번째 필드는 변경 사항을 유지할 것이다.

MyTextField는 매우 단순한 컴포저블이다. 함수의 형태는 다음과 같다.

```
@Composable
fun MyTextField(
  value: State<String?>,
  onValueChange: (String) -> Unit
) {
  value.value?.let {
    TextField(
      value = it,
      onValueChange = onValueChange,
      modifier = Modifier.fillMaxWidth()
    )
  }
}
```

value가 State<String?>인 것을 발견했는가? 값이 null이 될 수도 있고 그로 인해 value.value?.let { }으로 확인해야만 하는 값 홀더가 필요한 이유는 무엇일까? 이 컴포저블은 다음 절에서 재사용하며, 거기서 이 질문에 대한 해답도 얻을 것이다. 다만 state1과 state2 모두 이 기능이 필요하지 않다는 것만 참고하자.

ViewModel 사용

상태를 임시로 저장하는 기능은 rememberSaveable { }로도 잘 동작하지만 앱은 여전히 오랫동안 지속되는 데이터(예를 들어 데이터베이스나 파일과 같은)를 가져오고 이를 컴포저블에서 사용할 수 있는 상태로 만들 수 있어야 한다. 안드로이드 아키텍처 컴포넌트는 ViewModel과 LiveData를 포함한다. 이 두 기능 모두 젯팩 컴포즈에서 원활하게 사용할 수 있다.

먼저 모듈 단계의 build.gradle 파일에 의존성을 몇 가지 추가해야 한다.

```
implementation "androidx.compose.runtime:runtime-livedata:$compose_version"
implementation 'androidx.lifecycle:lifecycle-runtime-ktx:2.5.1'
implementation 'androidx.lifecycle:lifecycle-viewmodel-compose:2.5.1'
```

다음 단계로 ViewModel 클래스를 정의한다. 이 클래스는 android.lifecycle. ViewModel을 확장한다. ViewModel 클래스는 생명주기를 고려하면서 UI와 관련된 데이터를 저장하고 관리한다. 이는 데이터는 화면 회전과 같은 환경설정 변경에서도 유지된다는 것을 의미한다. MyViewModel은 text라는 이름의 프로퍼티 한 개와 이를 설정하는 setText()라는 이름의 메서드를 노출한다.

```
class MyViewModel : ViewModel() {

   private val _text: MutableLiveData<String> =
     MutableLiveData<String>("Hello #3")

   val text: LiveData<String>
     get() = _text

   fun setText(value: String) {
     _text.value = value
   }
}
```

예제에서는 ViewModel 클래스가 LiveData를 사용하고 있음을 보여준다. 앱의 아키텍처에 따라 옵저버블 데이터와 동작하는 다른 메커니즘을 활용해볼 수도 있다. 그러나 여기서 더 깊게 파고드는 것은 이 책의 범위를 벗어난다. 추가적인 정보는 앱 아키텍처 가이드 https://developer.android.com/jetpack/guide에서 얻을 수 있다.

컴포저블 함수 내부에서 ViewModel 클래스에 접근하려면 viewModel() 컴포저블을 호출해야 한다. 이 함수는 androidx.lifecycle.viewmodel.compose 패키지에 포함돼 있다.

```
val viewModel: MyViewModel = viewModel()
```

LiveData는 다음과 같은 방식으로 상태로 변환해 사용할 수 있게 된다.

```
val state3 = viewModel.text.observeAsState()
```

관련 소스코드를 간단히 살펴보자.

Starts observing this LiveData and represents its values via State. Every time there would be new value posted into the LiveData the returned State will be updated causing recomposition of every State.value usage.

The inner observer will automatically be removed when this composable disposes or the current LifecycleOwner moves to the Lifecycle.State.DESTROYED state.

Samples: androidx.compose.runtime.livedata.samples.LiveDataSample
        // Unresolved

```
40  @Composable
41  fun <T> LiveData<T>.observeAsState(): State<T?> = observeAsState(value)
```

그림 5.4: observeAsState() 확장 함수의 소스코드

observeAsState()는 LiveData의 확장 함수다. 이 함수는 LiveData 인스턴스의 value 프로퍼티를 매개변수를 허용하는 다른 observeAsState()에 전달한다. 여기서 반환 타입이 State<T?> 임을 확인했는가? 이것이 바로 앞 절에서 MyTextField가 State<String?>을 전달받게 정의한 이유다. State<String>을 remember { }와

rememberSaveable { } 에서 사용할 수 있게 만들려면 state3를 다음과 같이 정의해야 한다.

```
val state3 =
    viewModel.text.observeAsState(viewModel.text.value) as State<String>
```

이 방식은 무점검 형 변환^{unchecked cast}을 사용하기 때문에 필자는 이 방식보다 State<String?>을 사용하는 것이 더 유리하다고 생각한다.

ViewModel 클래스에 있는 상태에 변경 사항을 반영하려면 코드를 다음과 같이 작성해야 한다.

```
MyTextField(state3) {
    viewModel.setText(it)
}
```

MutableState를 사용하는 것과는 달리 변경된 텍스트를 전달하면서 MyViewModel의 setText() 메서드를 명시적으로 호출해야만 한다.

결론을 내리면 rememberSaveable { }은 간단하고 사용하기 쉽다. 5장에서 보여준 것보다 더 복잡한 시나리오에서는 데이터 객체를 더 단순하게 만들어주고 저장할 수 있게 변환해주는 android.compose.runtime.saveable.Saver 구현체를 제공할 수도 있다. 규모가 더 큰 앱에서는 구글이 오랫동안 권장해온 대로 ViewModel 클래스를 사용해야 한다. ViewModel과 LiveData 클래스의 조합은 observeAsState()를 사용해 컴포저블 앱과 멋지게 통합할 수 있다.

⠿ 요약

5장에서는 컴포즈 앱에 있는 상태를 더욱 자세히 살펴보는 것이 목표였다. 상태를 갖는 컴포저블 함수와 상태를 갖지 않는 컴포저블 함수 간의 차이점을 알아보는 것부터 시작했다. 이러한 함수의 대표적인 사용 사례와 상태를 갖지 않는 컴포저블 함수로 유지해야 하는 이유도 살펴봤다. 상태 호이스팅은 상태를 갖지 않는 컴포저블 함수를 만들기 위한 일종의 도구다. 두 번째 절에서 이런 중요한 내용을 다뤘다. 또한 컴포저블 내부에 직접 구현하지 않고 로직을 매개변수로 전달함으로써 컴포저블 함수를 좀 더 재사용할 수 있게 만들 수 있다는 것도 보여줬다. 앞 절에서는 사용자 입력을 유지하는 방법을 고려하면서 액티비티에서 컴포즈 UI 계층 구조를 통합하는 방법을 알아봤다. 여기서는 remember { }와 rememberSaveable { } 간의 차이점을 알아보고 더 큰 규모의 컴포즈 앱이 ViewModel 클래스를 사용해 얻을 수 있는 장점을 간략히 소개했다.

1장부터 5장까지 컴포저블 함수와 상태, 레이아웃과 같은 젯팩 컴포즈의 다양한 측면을 소개했다. 6장에서는 실제 앱을 형성하는 데 이러한 기능들이 어떻게 함께 어우러지는지에 대한 더 큰 그림을 보여주고자 한 가지 앱에 중점을 둔다. 여기서는 앱 아키텍처 및 테마와 내비게이션을 포함한 UI에 집중하면서 간단한 단위 변환 앱을 구현한다.

06

조립

5장까지 젯팩 컴포즈의 여러 측면을 알아봤다. 예를 들어 2장에서는 전통적인 뷰 시스템과 컴포저블 함수를 서로 비교했었고 선언적 접근 방식의 장점을 설명했다. 4장에서는 Box(), Row(), Column()과 같은 내장된 레이아웃 몇 가지를 완벽히 이해할 수 있게 했다. 5장에서는 상태에 대해 알아보고 컴포즈 앱에서 상태가 동작하는데 있어 중요한 규칙을 살펴봤다.

이제 실제 앱에서 이러한 핵심 요소가 한데 모여 어떻게 동작하는지 알아본다. 6장에서는 컴포즈 앱에서 테마를 어떻게 구성할 수 있는지 살펴본다. 또한 툴바와 메뉴와 같이 원래는 액티비티와 관련이 있는 여러 개념을 내포하고 있는 통합 UI 요소인 Scaffold()를 살펴보고 화면을 기반으로 하는 내비게이션을 추가하는 방법도 살펴본다.

6장에서 다루는 내용은 다음과 같다.

- 컴포즈 앱 스타일링
- 툴바와 메뉴 통합

- 내비게이션 추가

먼저 컴포즈 앱용 커스텀 테마를 설정하는 것부터 시작해보자. 내장된 머티리얼 컴포저블을 그릴 때 사용할 여러 색상과 모양 그리고 텍스트 스타일을 정의할 수 있다. 또한 젯팩 코어^{Jetpack Core} Splashscreen과 같이 앱 테마에 의존하는 부가적인 젯팩 컴포넌트를 추가하는 경우 명심해야 할 점을 알아본다.

'툴바와 메뉴 통합' 절에서는 앱 바와 옵션 메뉴를 소개한다. 또한 스낵 바를 생성하는 방법도 알아본다.

마지막으로 '내비게이션 추가' 절에서는 앱을 화면으로 구성하는 방법을 알아본다. 여기서는 화면 간 이동을 위해 컴포즈 버전의 젯팩 내비게이션^{Jetpack Navigation}을 사용한다.

⁝⁝ 기술 요구 사항

6장에는 그림과 같이 `ComposeUnitConverter`라는 한 가지 샘플 앱이 포함돼 있다.

그림 6.1: ComposeUnitConverter 앱

안드로이드 스튜디오를 설치하고 설정하는 방법뿐만 아니라 책에 동반된 리포지터리를 다운로드하는 방법은 1장의 '기술 요구 사항' 절을 참고하기 바란다.

6장의 모든 코드 파일은 깃허브 https://github.com/PacktPublishing/Android-UI-Development-with-Jetpack-Compose/tree/main/chapter_06에서 확인할 수 있다.

컴포즈 앱 스타일링

대부분의 컴포즈 UI는 androidx.compose.material 패키지에 내장된 컴포저블 함수를 사용할 것이다. 이 함수들은 머티리얼 디자인^{Material Design}과 그 후속작인 머티리얼 유^{Material You}로 알려진 디자인 언어의 구현체다(머티리얼 유는 안드로이드 12에서 소개됐다). 머티리얼 유는 안드로이드 네이티브 디자인 언어이긴 하지만 다른 플랫폼에서도 사용할 수 있다. 머티리얼 유는 펜이나 종이 또는 카드의 개념을 확장했으며 격자 기반의 레이아웃이나 반응형 애니메이션과 트랜지션뿐만 아니라 패딩과 깊이를 나타내는 효과 등을 많이 사용한다. 머티리얼 유는 더 큰 버튼과 곡선 형태의 모서리를 선호한다. 또한 사용자의 배경 화면으로부터 커스텀 색상 테마를 생성할 수도 있다.

색상, 모양, 텍스트 스타일 정의

앱은 시각적 모습에서 시스템과 사용자 설정 모두를 존중해야 하는 반면 브랜드나 회사의 정체성을 반영하는 색상이나 모양 또는 텍스트 컬러를 추가하고 싶을 수도 있다. 그렇다면 기본으로 제공되는 머티리얼 컴포저블 함수의 모양을 어떻게 수정할 수 있을까?

머티리얼 테마의 메인 진입점은 MeterialTheme()다. 이 컴포저블은 커스텀 색상, 모양, 텍스트 스타일을 매개변수로 전달받는다. 값을 설정하지 않으면 그에 상응하는 기본값이 사용된다(MaterialTheme.colors나 MaterialTheme.typography 또는 MaterialTheme.shapes). 다음 테마에서 색상은 커스텀으로 설정하지만 텍스트 스타일과 모양은 기본값으로 남겨뒀다.

```
@Composable
fun ComposeUnitConverterTheme(
    darkTheme: Boolean = isSystemInDarkTheme(),
    content: @Composable () -> Unit
) {
    val colors = if (darkTheme) {
        DarkColorPalette
    } else {
        LightColorPalette
    }
    MaterialTheme(
        colors = colors,
        content = content
    )
}
```

isSystemInDarkTheme() 컴포저블은 현재 기기에서 다크테마를 사용하는지를 감지한다. 앱에서는 이러한 환경설정에 맞는 색상을 사용해야 한다. 예제에서는 DarkColorPalette와 LightColorPalette 이렇게 두 가지 팔레트[palette]를 사용한다.

```
private val LightColorPalette = lightColors(
    primary = AndroidGreen,
    primaryVariant = AndroidGreenDark,
    secondary = Orange,
    secondaryVariant = OrangeDark
)
```

lightColors()는 androidx.compose.material 패키지에 있는 최상위 함수다. 이 함수는 머티리얼 색상 명세를 완벽히 지원하는 색상 정의를 제공한다. 이에 대한 추가적인 정보는 https://material.io/design/color/the-color-system.html#color-theme-creation에서 확인할 수 있다. LightColorPalette는 primary와 primaryVariant, secondary와 secondaryVariant에 대한 기본값을 재정의한다. 이외 다른 값들(예를 들면 background, surface, onPrimary)은 변경하지 않은 채로 유지한다.

primary는 앱 화면과 컴포넌트에 걸쳐 가장 자주 표시될 것이다. secondary를 사용해 앱을 강조하거나 차별화할 수도 있다. 예제에서는 라디오 버튼에 해당 기능을 사용한다. 스위치를 선택한 색상은 secondaryVariant인 반면 그렇지 않은 경우는 surface에서 색상을 가져온다.

> **팁**
>
> 머티리얼 컴포저블은 일반적으로 colors()라 불리는 컴포저블 함수에서 색상 기본값을 전달받는다. 이 함수는 동반된 ...Defaults 객체에 포함돼 있다. 예를 들어 Switch()에 색상 매개변수를 전달하지 않을 경우 Switch()는 SwitchDefaults.colors()를 호출한다. colors() 함수를 살펴보면 테마에 어떠한 색상 속성을 설정해야 할지 발견할 수 있을 것이다.

예제에서 AndroidGreen을 어떻게 정의했는지 궁금할 것이다. 가장 간단한 방법은 다음과 같다.

```
val AndroidGreen = Color(0xFF3DDC84)
```

앱이 전통적인 안드로이드 테마 시스템에 의존하는 다른 라이브러리나 컴포넌트를 요구하지 않는다면 위 코드는 잘 동작한다. '리소스 기반의 테마 사용' 절에서 이러한 시나리오를 살펴본다.

MaterialTheme()에서는 색상뿐만 아니라 모양도 대체할 수 있다. 모양은 관심을 불러일으키고 상태를 전달한다. 머티리얼 컴포저블에서는 모양 카테고리를 크기에 기반을 두고 구분했다.

- **Small**(버튼, 스낵 바, 툴팁 등)

- **Medium**(카드, 다이얼로그, 메뉴 등)

- **Large**(시트, 드로우어 등)

대체할 모양을 `MaterialTheme()`에 전달하려면 `androidx.compose.material.Shapes`를 인스턴스화하고 변경하고자 하는 카테고리(small, medium, large)에 `androidx.compose.foundation.shape.CornerBasedShapre` 추상 클래스의 구현체를 제공해야 한다. `AbsoluteCutCornerShape`, `CutCornerShape`, `AbsoluteRoundedCornerShape`, `RoundedCornerShape`는 `CornerBasedShape`의 직접적인 하위 클래스다.

다음 그림에서는 모서리가 잘린 버튼을 보여준다. 이러한 버튼은 친숙한 모습은 아니지만 여러분의 앱이 독특하게 보이게 해준다. 그렇지만 여러분이 이를 추가하고 싶은지는 한번 고민해봐야 한다.

그림 6.2: 모서리가 잘린 버튼

위와 같은 형태를 만들려면 `MaterialTheme()`을 호출할 때 단순히 다음 코드를 추가하기만 하면 된다.

```
shapes = Shapes(small = CutCornerShape(8.dp)),
```

UI에 모양을 적용하는 것과 관련된 더 많은 정보는 https://material.io/design/shape/applying-shape-to-ui.html#shape-scheme에서 확인할 수 있다.

머티리얼 컴포저블 함수에서 사용하는 텍스트 스타일을 변경하려면 androidx. compose.material.Typography 인스턴스를 MaterialTheme()에 전달해야만 한다. Typography는 h1, subtitle1, body1, button, caption과 같은 여러 가지 매개변수를 전달받는다. 이들 모두는 androidx.compose.ui.text.TextStyle의 인스턴스다. 매개변수에 값을 전달하지 않으면 기본값이 사용된다.

다음 코드 블록은 버튼의 텍스트 크기를 증가시킨다.

```
typography = Typography(button = TextStyle(fontSize = 24.sp)),
```

MaterialTheme() 호출에 위 코드를 추가하면 테마를 사용하는 모든 버튼 텍스트의 배율 독립 픽셀^{scale-independent pixels} 값이 24만큼 증가하게 된다. 그렇다면 어떻게 하면 테마를 설정할 수 있을까? 완전한 컴포즈 UI에서 테마를 사용하게 하려면 가능한 한 빨리 테마를 호출해야만 한다.

```
class ComposeUnitConverterActivity : ComponentActivity() {
    override fun onCreate(savedInstanceState: Bundle?) {
        super.onCreate(savedInstanceState)
        val factory = ...
        setContent {
            ComposeUnitConverter(factory)
        }
    }
}
```

예제에서는 ComposeUnitConverter()가 setContgent { } 내부에서 호출되기 때문에 이 함수가 앱의 컴포저블 UI의 루트가 된다.

```
@Composable
```

```
fun ComposeUnitConverter(factory: ViewModelFactory) {
  ...
  ComposeUnitConverterTheme {
    Scaffold( ...
```

ComposeUnitConverter()는 즉시 content 매개변수로 나머지 UI를 전달받는
ComposeUnitConverterTheme { }에 위임한다. Scaffold()는 실제 컴포즈 UI를 위한
골격이 된다. 이와 관련된 내용은 '툴바와 메뉴 통합' 절에서 좀 더 자세히 살펴본다.

앱에서 일부는 다른 스타일을 적용하고자 한다면 부모 테마를 재정의해 테마를 중
첩할 수 있다(그림 6.3).

```
@Composable
@Preview
fun MaterialThemeDemo() {
  MaterialTheme(
    typography = Typography(
      h1 = TextStyle(color = Color.Red)
    )
  ) {
    Row {
      Text(
        text = "Hello",
        style = MaterialTheme.typography.h1
      )
      Spacer(modifier = Modifier.width(2.dp))
      MaterialTheme(
        typography = Typography(
          h1 = TextStyle(color = Color.Blue)
        )
      ) {
        Text(
```

```
            text = "Compose",
            style = MaterialTheme.typography.h1
        )
      }
    }
  }
}
```

위 코드에서 기본 테마는 h1으로 스타일을 지정한 모든 텍스트는 빨간색으로 나타
나도록 설정한다. 두 번째 Text()에서는 h1 스타일을 파란색으로 나타내는 중첩된
테마를 사용한다. 따라서 여기서는 부모 테마를 재정의하게 된다.

그림 6.3: 중첩 테마

중요 사항

앱의 모든 부분에서 일관된 형태를 갖춰야 한다. 그렇기 때문에 중첩 테마는 주의해서 사용해야
한다.

다음 절에서는 계속해서 스타일과 테마를 알아본다. 매니페스트 파일에서 테마를
설정하는 방법뿐만 아니라 컴포즈 테마를 정의함에 따라 라이브러리가 어떠한 영향
을 미치는지 살펴본다.

리소스 기반의 테마 사용

앱에 스타일이나 테마를 적용하는 기능은 안드로이드 API 레벨 1부터 존재해왔다.
이러한 기능은 리소스 파일에 기반을 둔다. 개념적으로 스타일과 테마 간에는 차이

점이 있다. 스타일^{style}은 단일 뷰의 외형(예를 들어 폰트 색상, 폰트 크기 또는 배경색)을 명시하는 속성의 모음이다. 결과적으로 컴포저블 함수에서 스타일은 아무런 문제가 되지 않는다. 테마^{theme} 또한 속성의 모음이지만 테마는 앱 전체, 액티비티 또는 뷰 계층 구조에 적용된다. 여러 컴포즈 앱의 요소가 머티리얼 컴포저블에서 제공되며, 이들 역시 리소스 기반의 테마는 아무런 문제가 되지 않는다. 그러나 테마는 상태 바나 윈도우 배경과 같은 뷰가 아닌$^{non-View}$ 요소에도 스타일을 적용할 수 있다. 이러한 기능은 컴포즈 앱과 관련이 있을 수 있다.

스타일과 테마는 res/values 폴더에 있는 XML 파일에 정의되며 일반적으로 콘텐츠에 따라 styles.xml과 themes.xml로 이름 지어진다. 테마는 <application />나 <activity /> 태그의 android:theme 속성을 사용해 매니페스트 파일에 있는 애플리케이션이나 액티비티에 적용된다. 테마를 적용하지 않는다면 ComposeUnit Converter는 다음과 같은 모습으로 보일 것이다.

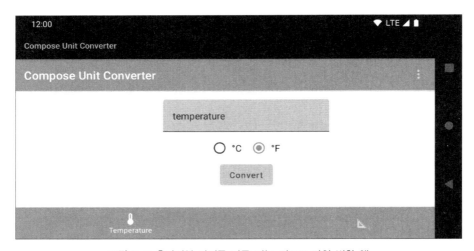

그림 6.4: 추가적인 타이틀 바를 갖는 컴포즈 단위 변환 앱

원치 않는 추가적인 타이틀 바를 피하고자 컴포즈 앱은 반드시 <application />나 <activity />에 android:theme="@style/..."을 사용해 Theme.AppCompat.DayNight. NoActionBar와 같이 액션 바가 없는 테마로 설정해야 한다. 이렇게 하면 Compose

UnitConverter는 그림 6.1과 같은 모습이 된다. 상태 바가 배경이 어두운 회색임을 인지했는가?

Theme.AppCompat.DayNight를 사용하면 상태 바는 colorPrimaryDark 테마 속성(또는 API 레벨 21부터는 android:statusBarColor를 사용)으로부터 배경색을 전달받는다. 아무런 값도 명시하지 않으면 기본값을 사용한다. 그러므로 상태 바 색상을 다른 UI 요소와 어울리게 하려면 res/values에 themes.xml이라는 이름의 파일을 추가해야만 한다.

```
<resources>
    <style name="Theme.ComposeUnitConverter"
            parent="Theme.AppCompat.DayNight.NoActionBar">
        <item
            name="colorPrimaryDark">@color/android_green_dark
        </item>
    </style>
</resources>
```

매니페스트 파일에서 android:theme의 값은 @style/Theme.ComposeUnitConverter 로 변경돼야만 한다. 여기서 @color/android_green_dark는 색상을 의미한다. 이런 표현식 대신 #FF20B261 값을 직접 전달할 수도 있다. 그러나 res/values 내부에 있는 이름이 colors.xml인 파일에 색상을 저장하는 것이 가장 좋은 방법이다.

```
<resources>
    <color name="android_green_dark">#FF20B261</color>
    <color name="orange_dark">#FFCC8400</color>
</resources>
```

이러한 방식으로 다크 테마에 다른 값을 할당할 수도 있다. 다음 themes.xml은 res/values-night에 위치해야 한다.

```
<resources>
  <style name="Theme.ComposeUnitConverter"
      parent="Theme.AppCompat.DayNight.NoActionBar">
    <item name="colorPrimaryDark">@color/orange_dark</item>
  </style>
</resources>
```

이제 상태 바는 UI 요소에 어울리는 배경색을 갖게 됐다. 그런데 colors.xml과 컴포즈 테마 이렇게 두 곳에 색상을 정의해야만 한다. 다행히도 이는 수정하기가 좀 더 수월하다. 일반적으로는 다음과 같이 리터럴을 전달한다.

```
val AndroidGreenDark = Color(0xFF20B261)
```

위와 같은 방식보다는 리소스에서 값을 얻어 와야 한다. colorResource() 컴포저블 함수는 androidx.compose.ui.res 패키지에 포함돼 있다. 이 함수는 ID로 식별할 수 있는 리소스로 구성된 색상을 반환한다.

다음 팔레트에서는 secondary 색상을 명시하지 않는다.

```
private val LightColorPalette = lightColors(
  primary = AndroidGreen,
  primaryVariant = AndroidGreenDark,
  secondaryVariant = OrangeDark
)
```

colorResource()를 사용해 색상을 추가하는 동작은 다음과 같다.

```
@Composable
fun ComposeUnitConverterTheme(
```

```
    darkTheme: Boolean = isSystemInDarkTheme(),
    content: @Composable () -> Unit
) {
  val colors = if (darkTheme) {
    DarkColorPalette
  } else {
    LightColorPalette.copy(secondary = colorResource(
      id = R.color.orange_dark))
  }
  MaterialTheme(
    colors = colors,
    ...
```

위 코드 중 대부분은 '색상, 모양, 텍스트 스타일 정의' 절에서 살펴봤다. 여기서는 copy()를 사용해 LightColorPalette의 수정된 버전(secondary 색상 변경)을 생성한 다음 MaterialTheme()에 전달했다는 것이 중요한 차이점으로 꼽힌다. 모든 색상을 colors.xml에 저장하면 테마 컴포저블 안에서 팔레트를 완벽히 생성할 수 있다.

지금까지 살펴본 바와 같이 앱의 브랜딩을 얼마나 신경 쓰느냐에 따라 리소스 기반의 테마에 일부 값을 제공해야만 할 수도 있다. 추가로 젯팩 코어 Splashscreen과 같이 특정 비컴포즈 젯팩 라이브러리에서 테마를 사용하는 경우도 마찬가지다. 이러한 컴포넌트는 오래된 플랫폼에서 안드로이드 12의 고급 스플래시 화면 기능을 사용할 수 있게 해준다. 스플래시 화면의 이미지와 색상은 테마 속성에 의해 설정된다. 라이브러리는 시작 액티비티의 테마가 Theme.SplashScreen을 부모로 갖게 요구한다. 추가로, 테마는 스플래시 화면이 닫히면 사용되는 테마를 나타내는 postSplashScreenTheme 속성을 반드시 제공해야 한다. 안드로이드의 스플래시 스크린에 관련된 추가 정보는 https://developer.android.com/guide/topics/ui/splash-screen에서 확인할 수 있다.

이것으로 컴포즈 테마에 대해 알아보는 것을 마무리한다. 다음 절에서는 스캐폴드 Scaffold라고 불리는 중요한 통합 UI 요소를 알아본다. Scaffold()는 콘텐츠의 프레임 역할을 하며, 상하단 바와 내비게이션 그리고 액션을 지원한다.

툴바와 메뉴 통합

초기 안드로이드 버전에서는 액션 바나 앱 바를 알지 못했다. 이러한 기능은 API 레벨 11(허니콤)에서 소개됐다. 반면 옵션 메뉴는 초기부터 존재했지만 전용 물리 버튼을 눌러서 열리고 화면 하단에 노출됐다. 안드로이드 3에서는 화면 상단으로 이동하고 수직으로 나타나는 목록이 됐다. 일부 요소는 액션 형태로 영구적으로 사용할수 있게 만들어졌다. 이러한 이유로 옵션 메뉴와 액션 바가 병합됐다. 원래는 액션 바의 모든 측면이 호스팅된 액티비티에서 처리됐지만 AppCompact 서포트 라이브러리부터는 대체되는 구현체를 도입했다(getSupportActionBar()). 이러한 방식은 오늘날까지도 젯팩의 일부로 여전히 널리 사용되고 있다.

화면 구조화를 위해 Scaffold() 사용

젯팩 컴포즈에는 머티리얼 디자인과 머티리얼 유의 명세를 거의 따르는 앱 바의 구현체 몇 가지가 포함돼 있다. 이들 구현체는 Scaffold()를 통해 컴포즈 UI에 추가할 수 있다. Scaffold()는 컴포저블 함수로, 앱 프레임이나 스켈레톤처럼 동작한다. 다음 코드는 ComposeUnitConverter UI의 루트 지점이다. 여기서는 테마를 설정한 다음 Scaffold()에 위임한다.

```
@Composable
fun ComposeUnitConverter(factory: ViewModelFactory) {
    val navController = rememberNavController()
    val menuItems = listOf("Item #1", "Item #2")
    val scaffoldState = rememberScaffoldState()
    val snackbarCoroutineScope = rememberCoroutineScope()
    ComposeUnitConverterTheme {
        Scaffold(scaffoldState = scaffoldState,
            topBar = {
                ComposeUnitConverterTopBar(menuItems) { s ->
                    snackbarCoroutineScope.launch {
                        scaffoldState.snackbarHostState.showSnackbar(s)
                    }
                }
            },
            bottomBar = {
                ComposeUnitConverterBottomBar(navController)
            }
        ) {
            ComposeUnitConverterNavHost(
                navController = navController,
                factory = factory,
                modifier = Modifier.padding(it)
            )
        }
    }
}
```

Scaffold()에서는 기본적인 머티리얼 디자인의 시각적 레이아웃 구조를 구현한다. 여기에 TopAppBar() 또는 BottomNavigation()과 같은 일부 다른 머티리얼 컴포저블을 추가할 수 있다. 구글은 이러한 기능을 슬롯 API^{slot API}라 부르는데, 이는 부모 영역 또는 공간(슬롯)에 또 다른 컴포저블 함수를 추가함으로써 컴포저블 함수를 변경할 수 있기 때문이다. 이미 설정을 완료한 자식을 전달하는 것은 여러 환경설정 매개변수를 노출하는 것보다 더 많은 유연성을 제공한다. Scaffold()는 어떠한 자식을 끼워 넣느냐에 따라 다른 상태를 기억해야 할 수도 있다. ScaffoldState를 전달할 수도 있는데, 이는 rememberScaffoldState()로 생성된다.

예제에서는 스낵 바를 노출하고자 ScaffoldState를 사용한다. 스낵 바는 간단한 임시 메시지로, 화면 하단에 나타난다. showSnackbar()는 중단 함수suspending function이기 때문에 이 함수는 코루틴이나 또 다른 중단 함수에서 호출돼야만 한다. 이에 따라 rememberCoroutineScope()를 사용해 CoroutineScope를 생성하고 기억해야만 하며, launch { } 함수를 호출해야 한다.

다음 절에서는 옵션 메뉴가 있는 상단 앱 바를 생성하는 방법을 보여준다.

상단 앱 바 생성

화면 상단에 위치하는 앱 바는 TopAppBar()를 사용해 구현한다. 여러분은 이곳에 내비게이션 아이콘, 타이틀, 액션 목록을 제공할 수 있다.

```
@Composable
fun ComposeUnitConverterTopBar(menuItems: List<String>, onClick: (String) ->
Unit) {
  var menuOpened by remember { mutableStateOf(false) }
  TopAppBar(title = {
    Text(text = stringResource(id = R.string.app_name))
  },
  actions = {
    Box {
      IconButton(onClick = {
        menuOpened = true
      }) {
        Icon(Icons.Default.MoreVert, "")
      }
```

```
          DropdownMenu(expanded = menuOpened,
              onDismissRequest = {
            menuOpened = false
          }) {
            menuItems.forEachIndexed { index, s ->
              if (index > 0) Divider()
                DropdownMenuItem(onClick = {
                  menuOpened = false
                  onClick(s)
                }) {
                  Text(s)
                }
            }
          }
        }
      )
    }
```

TopAppBar()에는 옵션 메뉴에 관한 구체적인 API가 없다. 대신 메뉴는 평범한 액션 처럼 처리된다. 액션은 일반적으로 IconButton() 컴포저블이다. 액션은 가로 열에 서 앱 바의 맨 끝에 표시된다. IconButton()은 onClick 콜백과 생략할 수 있는 enabled 매개변수를 전달받는다. enabled는 사용자가 UI 요소와 상호작용할 수 있는지 여부를 제어한다.

예제에서 콜백은 단지 변경할 수 있는 상태를 나타내는(menuOpened) 불리언Boolean 값을 false로 설정할 뿐이다. 간략히 살펴보겠지만 이 경우 메뉴가 닫히게 된다. 콘텐츠 (일반적으로 아이콘이 해당한다)는 버튼 내부에 그려진다. Icon() 컴포저블은 ImageVector 인스 턴스와 콘텐츠 설명을 인자로 받는다. 아이콘 데이터는 리소스에서 가져올 수 있지 만 가능하면 미리 정의된 그래픽을 사용해야 한다. 예제에서는 Icons.Default. MoreVert가 이에 해당한다. 다음으로 메뉴를 출력하는 방법을 알아보자.

머티리얼 디자인의 드롭다운 메뉴(DropdownMenu())는 여러 선택을 간결하게 보이게 만들어준다. 이 메뉴는 버튼과 같은 다른 요소와 상호작용하는 경우에 나타나게 된다. 예제에서는 DropdownMenu()를 화면에서 위치가 결정된 IconButton()과 함께 Box() 안에 위치시킨다. expanded 매개변수는 메뉴를 노출하거나^{open} 안 보이게^{close} 만들어준다. onDismissRequest는 메뉴 영역 바깥 부분을 누르는 것처럼 사용자가 메뉴를 닫히게 하도록 요청하는 경우에 호출된다.

콘텐츠는 DropdownMenuItem() 컴포저블로 이뤄져야 한다. onClick은 그에 상응하는 메뉴 아이템이 선택됐을 때 호출된다. 코드에서는 메뉴가 닫혀 있는지를 반드시 확인해야 한다. 코드를 재사용 가능하고 상태를 갖지 않게 만들려면 가능한 한 실행할 도메인 로직을 매개변수로 전달해야 한다. 예제에서는 클릭했을 때 스낵 바가 나타난다.

이것으로 상단 앱 바를 살펴보는 것을 마무리한다. 다음 절에서는 컴포즈 버전의 젯팩 내비게이션을 사용해 서로 다른 화면을 이동하고자 BottomNavigation()을 사용하는 방법을 알아본다.

> **중요 사항**
>
> 앱에서 컴포즈 버전의 젯팩 내비게이션을 사용하려면 모듈 단계의 build.gradle 파일에 androidx.navigation:navigation-compose 의존성 구현체를 추가해야 한다.

⠿ 내비게이션 추가

Scaffold()는 bottomBar 매개변수를 사용해 화면 하단 슬롯에 콘텐츠를 추가할 수 있게 해준다. 이렇게 되면 BottomAppBar()가 될 수 있다. 머티리얼 디자인의 하단 앱 바는 하단 내비게이션 드로워에 접근할 수 있게 해주며, 액션은 플로팅 액션 버튼을 포함해 총 네 개까지 지원한다. ComposeUnitConverter에서는 그 대신

BottomNavigation()을 추가했다. 머티리얼 디자인 하단 내비게이션 바는 기본 목적지[primary destination] 간 이동을 가능케 해준다.

화면 정의

개념적으로 가장 기본이 되는 목적지는 화면[screen]이며, 젯팩 컴포즈 이전에는 별개의 액티비티에 표시되기도 했다. 다음은 ComposeUnitConverter에서 화면을 어떻게 정의했는지 보여준다.

```
sealed class ComposeUnitConverterScreen(
    val route: String,
    @StringRes val label: Int,
    @DrawableRes val icon: Int
) {
    companion object {
        val screens = listOf(
            Temperature,
            Distances
        )
        const val route_temperature = "temperature"
        const val route_distances = "distances"
    }

    private object Temperature : ComposeUnitConverterScreen(
        route_temperature,
        R.string.temperature,
        R.drawable.baseline_thermostat_24
    )

    private object Distances : ComposeUnitConverterScreen(
        route_distances,
        R.string.distances,
        R.drawable.baseline_square_foot_24
```

```
    )
  }
```

ComposeUnitConverter는 Temperature와 Distances 이렇게 두 개의 화면으로 이뤄진다. route는 화면을 식별하게 하는 고유한 값이다. label과 icon은 사용자에게 보이게 된다. 위 코드가 어떻게 동작하는지 확인해보자.

```
@Composable
fun ComposeUnitConverterBottomBar(navController: NavHostController) {
  BottomNavigation {
    val navBackStackEntry by navController.currentBackStackEntryAsState()
    val currentDestination = navBackStackEntry?.destination
    ComposeUnitConverterScreen.screens.forEach { screen ->
      BottomNavigationItem(
        selected = currentDestination?.hierarchy?.any {
          it.route == screen.route } == true,
        onClick = {
          navController.navigate(screen.route) {
            launchSingleTop = true
          }
        },
        label = {
          Text(text = stringResource(id = screen.label))
        },
        icon = {
          Icon(
            painter = painterResource(id = screen.icon),
            contentDescription = stringResource(id = screen.label)
          )
        },
        alwaysShowLabel = false
      )
    }
```

```
        }
    }
```

BottomNavigation()의 콘텐츠는 BottomNavigationItem() 아이템들로 이뤄진다. 각 아이템은 목적지를 나타낸다. 아이템들은 간단한 루프를 사용해 추가할 수 있다.

```
ComposeUnitConverterScreen.screens.forEach { screen ->
```

보다시피 ComposeUnitConverterScreen 인스턴스의 label과 icon 프로퍼티는 BottomNavigationItem() 호출 시에 사용된다. alwaysShowLabel은 아이템이 선택 됐을 때 레이블의 노출 여부를 제어한다. 현재 아이템에 대응되는 화면이 출력되면 아이템은 선택 상태가 될 것이다. BottomNavigationItem()을 클릭하면 onClick 콜백이 호출된다. 예제에 있는 구현체에서는 NavHostController 인스턴스에서 제 공하는 navigate를 호출하면서 해당 ComposeUnitConverterScreen 객체의 route 를 전달한다.

지금까지 화면을 정의하고 화면과 BottmoNavigationItem() 아이템을 서로 매핑해 봤다. 아이템을 클릭하면 앱은 주어진 경로로 이동하게 된다. 그러면 이러한 경로는 컴포저블 함수와 어떠한 관계가 있을까? 관련 내용은 다음 절에서 알아본다.

NavHostController와 NavHost() 사용

NavHostController 인스턴스는 navigate() 함수를 호출해 다른 화면으로 이동할 수 있게 해준다. ComposeUnitConver() 내부에서는 rememberNavController()를 호출해 이에 대한 참조를 얻을 수 있으며, 이 참조를 ComposeUnitConverter BottomBar()로 전달하게 된다. 경로와 컴포저블 함수 간의 매핑은 NavHost()를 통해 이뤄진다. 이 함수는 androidx.navigation.compose 패키지에 포함돼 있다.

다음은 이 컴포저블 함수가 어떻게 호출되는지 보여준다.

```
@Composable
fun ComposeUnitConverterNavHost(
  navController: NavHostController,
  factory: ViewModelProvider.Factory?,
  modifier: Modifier
) {
  NavHost(
    navController = navController,
    startDestination = ComposeUnitConverterScreen.route_temperature,
    modifier = modifier
  ) {
    composable(ComposeUnitConverterScreen.route_temperature) {
      TemperatureConverter(
        viewModel = viewModel(factory = factory)
      )
    }
    composable(ComposeUnitConverterScreen.route_distances) {
      DistancesConverter(
        viewModel = viewModel(factory = factory)
      )
    }
  }
}
```

NavHost()는 세 가지 매개변수를 전달받는다.

- NavHostController의 참조

- 시작 목적지의 경로

- 내비게이션 그래프를 구성하는 데 사용될 빌더

내비게이션 그래프는 젯팩 컴포즈 이전까지는 일반적으로 XML 파일로 정의했다.

NavGraphBuilder는 간단한 도메인 특화 언어^{domain-specific language}를 통해 접근할 수 있게 해준다. composeable()은 컴포저블 함수를 목적지로 추가한다. 경로뿐만 아니라 매개변수 목록과 딥 링크 목록을 전달할 수도 있다.

팁

젯팩 내비게이션과 관련된 자세한 설명은 이 책의 범위를 넘어선다. 자세한 정보는 https://developer.android.com/guide/navigation에서 확인할 수 있다.

⁞ 요약

6장에서는 실제 앱에서 젯팩 컴포즈의 핵심 요소들이 어떻게 함께 동작하는지를 살펴봤다. 컴포즈 앱에 테마를 적용하는 방법과 리소스 기반의 테마와 동기화를 유지하는 방법도 알아봤다.

또한 Scaffold()가 앱 프레임이나 스캘레톤으로서의 역할을 어떻게 수행하는지를 알아봤다. 메뉴를 포함하는 상단 앱 바뿐만 아니라 컴포즈 버전의 젯팩 내비게이션을 사용해 화면 사이를 이동하는 하단 바를 추가하는 데 슬롯 API를 사용하기도 했다.

7장에서는 UI와 비즈니스 로직을 분리하는 방법을 알아본다. ComposeUnitConverter를 다시 살펴보며, 이번에는 ViewModel의 사용을 중점적으로 알아본다.

07

팁, 트릭, 모범 사례

6장에서는 상태 호이스팅, 앱 테마, 내비게이션과 같은 젯팩 컴포즈의 일부 핵심 기술을 실제 예제에서 조합해봤다. ComposeUnitConverter에서는 상태를 ViewModel에 저장하고 결국에는 리포지터리^{Repository} 패턴을 사용해 상태를 유지한다. 7장에서는 초기화 후에 객체를 ViewModel에 전달하는 방법과 이러한 객체를 사용해 데이터를 불러오고 저장하는 방법을 알아본다. 3장에서 잘 동작하는 컴포저블 함수의 기능을 알아봤다. 컴포저블을 재사용이 가능하고 테스트가 쉽게 만들려면 부수 효과가 없어야 한다. 그러나 컴포저블 함수 범위 바깥에서 반응해야 하거나 상태 변경을 초기화해야 하는 상황이 발생할 수도 있다. 이와 관련된 내용은 7장 끝부분에서 다룬다.

7장에서 다루는 내용은 다음과 같다.

- 상태 유지와 검색

- 컴포저블을 반응성 있게 유지

- 부수 효과의 이해

처음에는 5장의 'ViewModel 사용' 절에서 시작했던 ViewModel 패턴을 계속해서 알아본다. 이번에는 ViewModel에 비즈니스 로직을 추가하고 데이터를 유지하고 검색할 수 있는 객체를 주입해본다.

'컴포저블을 반응성 있게 유지' 절에서는 컴포저블 함수의 핵심 요구 사항 중 하나를 다시 한 번 살펴본다. 재구성은 매우 빈번히 일어나므로 컴포저블은 가능한 한 빠르게 동작해야만 한다. 이러한 사실은 코드에서 해야 할 작업과 하지 말아야 할 작업에 지대한 영향을 끼친다. 예를 들어 복잡한 연산이나 네트워크 호출과 같이 시간이 오래 걸리는 작업은 동기적으로 호출해서는 안 된다.

'부수 효과의 이해' 절에서는 컴포저블 함수 범위 바깥에서 반응하거나 상태 변경을 초기화해야 하는 상황을 다룬다. 예를 들어 LaunchedEffect를 사용해 복잡한 연산을 시작하고 멈추게 할 것이다.

⠿ 기술 요구 사항

'상태 유지와 검색' 절과 '컴포저블을 반응성 있게 유지' 절에서는 ComposeUnitConverter 샘플 앱을 자세히 다룬다. '부수 효과의 이해' 절은 EffectDemo 샘플을 기반으로 한다. 안드로이드 스튜디오를 설치하고 설정하는 방법뿐만 아니라 책에 동반된 리포지터리를 다운로드하는 방법은 1장의 '기술 요구 사항' 절을 참고하기 바란다.

7장의 모든 코드 파일은 깃허브 https://github.com/PacktPublishing/Android-UI-Development-with-Jetpack-Compose/tree/main/chapter_07에서 확인할 수 있다.

⁝⁝⁝ 상태 유지와 검색

상태는 시간이 흐름에 따라 변하는 앱 데이터다. 컴포즈 앱에서는 일반적으로 상태를 State나 MutableState의 인스턴스로 나타낸다. 이러한 객체가 컴포저블 함수 내부에서 사용되면 상태가 변경됨에 따라 재구성 동작을 유발한다. 상태가 여러 컴포저블에 전달되면 전달받은 컴포저블 모두가 재구성될지도 모른다. 이는 상태 호이스팅 원리로 이어진다. 상태 호이스팅을 사용하면 컴포저블 내부에서 상태를 기억하는 대신 상태가 컴포저블 함수로 전달된다. 이러한 상태는 종종 상태를 사용하는 부모 컴포저블 중 하나에서 기억되는 경우도 있다. 다른 대안으로 ViewModel로 불리는 아키텍처 패턴을 구현하는 방법이 있다. 다양한 플랫폼의 여러 사용자 인터페이스^{UI} 프레임워크에서 이러한 방식을 사용한다. 안드로이드의 경우 안드로이드 아키텍처 컴포넌트^{Android Architecture Components}의 일부로 2017년부터 사용할 수 있게 됐다.

ViewModel의 일반적인 개념은 데이터와 구체적인 접근 로직을 앱의 특정 부분에 결합하는 것이다. 이것은 플랫폼에 따라 화면이나 윈도우, 다이얼로그 또는 다른 유사한 최상위 컨테이너가 될 수도 있다. 안드로이드의 경우에는 일반적으로 액티비티가 이에 해당한다. 데이터는 옵저버블이므로 UI 요소는 이를 등록하고 변경 사항에 대해 알림을 받을 수 있다. 옵저버블 패턴을 어떻게 구현하는지는 플랫폼마다 다르다. 안드로이드 아키텍처 컴포넌트에서는 LiveData와 MutableLiveData를 소개했다. 5장의 '환경설정 변경에도 데이터 유지' 절에서 디바이스 회전에도 유지되게 데이터를 저장하고자 ViewModel 내부에서 LiveData와 MutableLiveData를 사용하는 방법과 컴포저블 함수에 LiveData 인스턴스를 연결하는 방법을 살펴봤다.

지금까지는 상태를 유지하는 방법과 이후에 상태를 복원하는 방법은 설명하지 않았다. 달리 말하면 ViewModel 인스턴스는 데이터 초깃값을 어디서 가져오고, 데이터가 변경되면 무슨 일을 하게 되는가? 이제 다음 절에서 알아보자.

ViewModel에 객체 주입

ViewModel이 데이터를 불러오거나 저장하려면 데이터베이스나 로컬 파일 시스템 또는 일부 원격 웹 서비스에 접근해야 할 수도 있다. 그러나 ViewModel은 배후에서 데이터를 어떻게 읽고 쓰는지 관련이 없어야 한다. 안드로이드 아키텍처 컴포넌트에서는 리포지터리 패턴을 구현할 것을 제안한다. 리포지터리는 데이터를 불러오고 저장하는 메커니즘을 추상화하며 컬렉션 형태의 인터페이스를 통해 이를 사용할 수 있게 해준다. 리포지터리 패턴과 관련된 더 많은 정보는 https://martinfowler.com/eaaCatalog/repository.html에서 확인할 수 있다.

간단한 리포지터리 구현체가 어떠한 모습일지는 잠시 후에 살펴보겠지만 그전에 인스턴스화 과정에서 객체를 ViewModel에 전달하는 방법을 보여줘야 한다. viewModel()은 ViewModelProvider.Factory 타입의 factory 매개변수를 전달받는다. 이 매개변수는 ViewModel 인스턴스를 생성하는 데 사용된다. null^(기본값)을 전달하면 내장된 기본 팩토리가 사용된다. ComposeUnitConverter는 두 개의 화면을 갖기 때문에 팩토리는 각 화면에 대해 ViewModel 인스턴스를 생성할 수 있어야 한다.

ViewModelFactory는 다음과 같다.

```
class ViewModelFactory(private val repository: Repository)
  :ViewModelProvider.NewInstanceFactory() {
  override fun <T : ViewModel> create(modelClass: Class<T>): T =
    if (modelClass.isAssignableFrom(TemperatureViewModel::class.java))
      TemperatureViewModel(repository) as T
    else
      DistancesViewModel(repository) as T
}
```

ViewModelFactory는 ViewModelProvider.NewInstanceFactory 정적 클래스를 확장

하고 create() 메서드(이 메서드는 부모 Factory 인터페이스에 포함돼 있다)를 재정의한다. modelClass
는 생성될 ViewModel을 나타낸다. 따라서 다음 코드가 true면 TemperatureViewModel
을 인스턴스화하고 repository를 전달한다.

```
modelClass.isAssignableFrom(TemperatureViewModel::class.java)
```

이 매개변수는 ViewModelFactory의 생성자에 전달된다. 그렇지 않은 경우에는
DistancesViewModel 인스턴스가 생성된다. 이 생성자는 repository도 전달받는
다. 팩토리에서 더 많은 ViewModel 인스턴스를 구분해야 하는 경우에는 when을 대
신 사용할 수도 있을 것이다.

다음으로 ComposeUnitConverter가 어떻게 데이터를 불러오고 저장하는지 알아보
고자 Repository 클래스를 살펴보자. 이 클래스는 다음 코드에서 확인할 수 있다.

```kotlin
class Repository(context: Context) {
  private val prefs =
    PreferenceManager.getDefaultSharedPreferences(context)
  fun getInt(key: String, default: Int) =
    prefs.getInt(key, default)
  fun putInt(key: String, value: Int) {
    prefs.edit().putInt(key, value).apply()
  }
  fun getString(key: String,
    default: String) = prefs.getString(key, default)
  fun putString(key: String, value: String) {
    prefs.edit().putString(key, value).apply()
  }
}
```

Repository는 젯팩 프리퍼런스Jetpack Preference를 사용한다. 이 라이브러리는 애플리
케이션 프로그래밍 인터페이스API 레벨 29에서 더 이상 사용되지 않는 android.

preference 패키지에 있는 플랫폼 클래스와 인터페이스를 대체한다.

> **중요 사항**
>
> 플랫폼 클래스와 라이브러리는 사용자 설정을 위해 설계됐다. 따라서 복잡한 데이터나 방대한 텍스트 또는 이미지에 접근하는 데 이를 사용해서는 안 된다. 기록해야 하는 데이터는 SQLite에 유지하는 것이 최선이지만 방대한 텍스트나 이미지는 파일로 저장하는 것이 이상적이다.

젯팩 프리퍼런스를 사용하려면 모듈 단계의 build.gradle 파일에 androidx.preference:preference-ktx 의존성 구현체를 추가해야 한다. getDefaultShared Preferences()는 android.content.Context 인스턴스를 필요로 하며, 이 인스턴스는 Repository 생성자로 전달된다.

다음으로 넘어가기 전에 지금까지 살펴본 내용을 복습하자.

- TemperatureViewModel과 DistancesViewModel은 생성자를 통해 Repository 인스턴스를 전달받는다.

- Repository는 Context 객체를 전달받는다.

- ViewModel 인스턴스는 액티비티와 분리돼 있다. 이 인스턴스는 환경설정 변경에도 유지된다.

글머리 기호의 마지막 문장은 리포지터리에 전달할 수 있는 컨텍스트와 관련해 중요한 결과를 갖는다. 다음 절에서 좀 더 자세히 알아보자.

팩토리 사용

다음 코드는 리포지터리와 팩토리가 어떻게 생성되는지 보여준다.

```
class ComposeUnitConverterActivity : ComponentActivity() {
    override fun onCreate(savedInstanceState: Bundle?) {
        super.onCreate(savedInstanceState)
        val factory =
            ViewModelFactory(Repository(applicationContext))
        setContent {
            ComposeUnitConverter(factory)
        }
    }
}
```

Repository와 ViewModelFactory 모두 일반적인 객체이므로 필요한 매개변수를 전
달해 간단히 인스턴스를 생성한다.

중요 노트

컨텍스트로 this(액티비티 호출)를 전달하고 싶을 수도 있다. 그러나 ViewModel 인스턴스는 환경설
정 변경(액티비티가 재생성되는 경우를 의미한다)에도 유지되므로 컨텍스트가 변경될 수도 있다. 이
렇게 되면 리포지터리는 더 이상 사용할 수 없는 액티비티에 접근하게 된다. applicationContext를
사용하면 이러한 문제가 발생하지 않게 보장할 수 있다.

ComposeUnitConverter()는 컴포저블 계층 구조의 최상위에 해당한다. 이 함수는
팩토리 매개변수를 ComposeUnitConverterHavHost()에 전달하며, 다음 코드와 같
이 ComposeUnitConverterHavHost()는 결국 팩토리를 화면에 대한 매개변수로
composable { } 내부에서 사용한다.

```
composable(ComposeUnitConverterScreen.route_temperature) {
    TemperatureConverter(
        viewModel = viewModel(factory = factory)
    )
}
```

이번 절에서는 간단한 생성자를 호출하는 방식으로 리포지터리 객체를 ViewModel 에 주입하는 방법을 알아봤다. 앱이 **의존성 주입**DI, Dependency Injection 프레임워크에 의존 하고 있다면 이러한 방식 대신 해당 프레임워크의 메커니즘(예를 들어 어노테이션을 사용하는 방식)을 사용해야 할 것이다. 그러나 이러한 주제는 이 책의 범위를 벗어난다. 다음으 로 ViewModel이 리포지터리를 어떻게 사용하는지 살펴본다.

⠿ 컴포저블을 반응성 있게 유지

컴포저블 함수를 구현할 때는 이 함수의 주목적이 UI를 선언하고 사용자 인터랙션을 다루는 것임을 항상 명심해야 한다. 이상적으로 상태나 로직(클릭 핸들러와 같은 로직)을 포함 한 구현에 필요한 모든 정보는 컴포저블로 전달되며, 함수는 상태를 갖지 않는 상태 로 만들어야 한다. 상태가 컴포저블 내부에서만 필요한 경우라면 remember { }를 사용해 상태를 임시로 유지할 수도 있다. 이러한 컴포저블은 상태를 갖는다stateful고 이야기한다. 데이터가 ViewModel 내부에서 유지되고 있다면 컴포저블은 반드시 ViewModel과 상호작용해야 한다. 따라서 ViewModel 코드 역시 빠르게 동작해야만 한다.

ViewModel 인스턴스와 소통

ViewModel에 있는 데이터는 옵저버블이어야 한다. 이를 위해 ComposeUnitConverter 는 안드로이드 아키텍처 컴포넌트의 LiveData와 MutableLiveData를 사용한다. ViewModel이 변경됨에 따라 갱신되는 State나 MutableState 인스턴스를 얻을 수 있는 방법을 제공하는 다른 옵저버 패턴의 구현체를 선택할 수도 있다. 이러한 내용 은 이 책의 범위를 벗어난다. TemperatureViewModel은 TemperatureConverter() 컴포저블 함수를 위한 ViewModel이다.

TemperatureViewModel의 구현체를 살펴보자. 다음 코드에서는 간결함을 위해

scale 프로퍼티와 관련된 코드는 생략했다. 전체 구현 로직은 깃허브 리포지터리에서 확인할 수 있다.

```kotlin
class TemperatureViewModel(private val repository: Repository): ViewModel() {
    ...
    private val _temperature: MutableLiveData<String>
            = MutableLiveData(
                repository.getString("temperature", "")
    )

    val temperature: LiveData<String>
      get() = _temperature

    fun getTemperatureAsFloat(): Float
            = (_temperature.value ?: "").let {
      return try {
        it.toFloat()
      } catch (e: NumberFormatException) {
        Float.NaN
      }
    }

    fun setTemperature(value: String) {
      _temperature.value = value
      repository.putString("temperature", value)
    }

    fun convert() = getTemperatureAsFloat().let {
      if (!it.isNaN())
        if (_scale.value == R.string.celsius)
          (it * 1.8F) + 32F
        else
          (it - 32F) / 1.8F
      else
        Float.NaN
    }
}
```

ViewModel 인스턴스는 다음과 같은 변수 쌍을 통해 데이터를 나타낸다.

- public 접근자를 갖는 읽기 전용 프로퍼티(temperature)

- private 접근자를 갖는 쓰기 가능한 백킹 변수(_temperature)

프로퍼티는 새로운 값을 할당해 변경되지 않고 세터 함수를 호출해 변경된다(setTemperature()). 프로퍼티는 새로운 값이 할당돼 변경되는 것이 아니라 세터 함수가 호출됨으로써 변경된다(setTemperature()). 이러한 동작이 발생하는 이유는 5장의 'ViewModel 사용' 절에서 확인할 수 있다. 컴포저블에 의해 호출될 수 있는 추가적인 함수들이 존재할 수 있는데, 예를 들어 온도를 ℃에서 ℉로 변환하는 로직(convert())은 컴포저블 코드의 일부가 돼서는 안 된다. 포맷을 변환하는 로직(String에서 Float으로)에도 동일한 이론이 적용된다. 이러한 코드는 ViewModel에 저장하는 것이 최선이다.

다음은 컴포저블 함수에서 ViewModel이 어떻게 사용되는지 보여준다.

```
@Composable
fun TemperatureConverter(viewModel: TemperatureViewModel) {
  ...
  val currentValue = viewModel.temperature.observeAsState(
    viewModel.temperature.value ?: "")
  val scale = viewModel.scale.observeAsState(
    viewModel.scale.value ?: R.string.celsius)
  var result by remember { mutableStateOf("") }
  val calc = {
    val temp = viewModel.convert()
    result = if (temp.isNaN())
      ""
    else
      "$temp${
        if (scale.value == R.string.celsius)
```

```
        strFahrenheit
      else strCelsius
    }"
  }
  ...
  Column(
    ...
  ) {
    TemperatureTextField(
        temperature = currentValue,
        modifier = Modifier.padding(bottom = 16.dp),
        callback = calc,
        viewModel = viewModel
    )
    ...
    Button(
      onClick = calc,
      ...
    if (result.isNotEmpty()) {
      Text(
        text = result,
        style = MaterialTheme.typography.h3
      )
    }
    ...
```

TemperatureConverter()가 ViewModel을 매개변수로 전달받는 것을 확인했는가?

> **팁**
>
> 가능하다면 미리 보기나 테스트를 용이하게 하고자 기본값(viewModel())을 제공하는 것이 좋다.
> 그러나 ViewModel이 리포지터리를 요구하거나(예제와 같이) 다른 생성자 값을 요구하는 경우에는
> 기본값이 동작하지 않는다.

LiveData 인스턴스인 ViewModel 프로퍼티(temperature와 scale)의 observeAsState()를 호출하면 State 인스턴스를 얻게 된다. calc에 할당된 코드는 **변환** 버튼이나 가상 키보드의 **완료** 버튼을 누르면 호출된다. 함수는 스케일을 포함하는 변환한 온도를 나타내는 문자열을 생성하고 이를 result에 할당한다.

지금까지 ViewModel에서 변경 사항을 관찰하는 방법과 내부에서 로직을 호출하는 방법을 알아봤다. 한 가지 남은 게 있는데, 바로 프로퍼티를 변경하는 것이다. 앞선 코드에서 TemperatureTextField()는 ViewModel을 전달받았다. 이제 이것으로 무엇을 하는지 살펴보자.

```
@Composable
fun TemperatureTextField(
    temperature: State<String>,
    modifier: Modifier = Modifier,
    callback: () -> Unit,
    viewModel: TemperatureViewModel
) {
    TextField(
        value = temperature.value,
        onValueChange = {
            viewModel.setTemperature(it)
        },
        ...
```

텍스트가 변경될 때마다 새로운 값과 함께 setTemperature()가 호출된다. 세터 setter 는 다음과 같은 기능을 수행한다는 것을 기억하기 바란다.

```
_temperature.value = value
```

ViewModel은 _temperature(MutableLiveData) 백킹 변수의 값을 갱신한다. public

접근자를 갖는 temperature 프로퍼티가 _temperature를 참조하기 때문에 해당하는 옵저버(예제에서 상태는 TemperatureConverter()의 observeAsState()에 의해 반환된다)는 알림을 받게 된다. 이러한 동작은 재구성을 유발한다.

이번 절에서는 컴포저블 함수와 ViewModel 인스턴스 간에 상호작용이 어떻게 진행되는지에 중점을 두고 살펴봤다. 다음으로는 ViewModel과 컴포저블 간의 관계가 깨지게 되면 어떠한 문제가 발생하는지 그리고 이를 막으려면 어떻게 해야 하는지를 알아본다.

장기간 동작하는 작업 처리

컴포저블 함수는 프로퍼티에 새로운 값을 설정(setTemperature())하고 비즈니스 로직을 구현한 함수를 호출(convert())하면서 ViewModel과 활발하게 상호작용한다. 재구성은 빈번하게 발생할 수 있으므로 이들 함수는 매우 자주 호출될지도 모른다. 결과적으로 이러한 함수들은 매우 빠르게 값을 반환해야 한다. 이는 °C와 °F 간의 전환과 같이 간단한 산술의 경우를 의미한다.

반면 일부 알고리듬은 특정 입력값에 대해 점점 더 시간을 많이 소모하게 될 수도 있다. 예를 한번 들어보자. 피보나치 수열은 재귀적이고 반복적으로 연산될 수 있다. 재귀 알고리듬은 구현이 간단하지만 큰 수에 대해서는 시간이 훨씬 더 오래 걸린다. 동기로 동작하는 함수가 값을 제때 반환하지 않는다면 사용자가 앱을 평가하는 데 영향을 줄 수도 있다. convert() 코드의 첫 번째 줄에 while (true) ; 코드를 추가해 이를 테스트해볼 수 있다. 코드를 추가한 다음 ComposeUnitConverter를 실행하고, 숫자를 입력한 후 **변환** 버튼을 누르면 앱은 더 이상 응답하지 않을 것이다.

중요 사항

잠재적으로 장시간 동작하는 작업은 반드시 비동기로 동작하도록 구현해야 한다.

연산에 너무 많은 시간이 소요돼 앱이 응답하지 않는 이러한 상황을 막으려면 연산을 결과를 전달하는 동작과 분리해야만 한다. 이는 다음과 같이 몇 단계만으로 처리할 수 있다.

1. 결과를 옵저버블 프로퍼티로 제공한다.

2. 코루틴^{coroutine}이나 코틀린 플로우를 사용해 결과를 연산한다.

3. 연산을 끝내면 `result` 프로퍼티를 갱신한다.

다음은 `DistancesViewModel`에서 발췌한 구현체 샘플이다.

```
private val _convertedDistance: MutableLiveData<Float> =
    MutableLiveData(Float.NaN)

val convertedDistance: LiveData<Float>
  get() = _convertedDistance

fun convert() {
  getDistanceAsFloat().let {
    viewModelScope.launch {
      _convertedDistance.value = if (!it.isNaN())
        if (_unit.value == R.string.meter)
          it * 0.00062137F
        else
          it / 0.00062137F
      else
        Float.NaN
    }
  }
}
```

`viewModelScope`는 모듈 단계의 build.gradle 파일에 `androidx.lifecycle:lifecycle-viewmodel-ktx` 의존성 구현체를 추가해야 사용할 수 있다. `convert()`는 연산이 완료된 후 `_convertedDistance`의 값을 갱신하는 코루틴을 사용한다.

컴포저블 함수는 public 접근자로 선언된 convertedDistance 프로퍼티에서 observeAsState()를 호출함으로써 변경 사항을 관찰할 수 있다. 그런데 converted Distance와 convert()에는 어떻게 접근할 수 있을까? 다음은 DistancesConverter.kt 코드다.

```
val convertedValue by viewModel.convertedDistance.observeAsState()
val result by remember(convertedValue) {
  mutableStateOf(
    if (convertedValue?.isNaN() != false)
      ""
    else
      "$convertedValue ${
        if (unit.value == R.string.meter)
          strMile
        else strMeter
      }"
  )
}
val calc = {
  viewModel.convert()
}
```

result는 거리가 변환된 후에 출력되는 텍스트를 전달받는다. 그렇기 때문에 convertedValue가 변경될 때마다 스스로 갱신돼야 한다. 이러한 이유로 remember { }에 convertedValue를 키로 전달했다. 키가 변경될 때마다 mutableStateOf() 람다 표현식은 다시 계산되기 때문에 result가 갱신된다. calc는 변환 버튼이나 가상 키보드의 **완료** 버튼을 누르면 호출된다. calc는 결국 convertedValue를 갱신하는 비동기 작업을 생성하게 된다.

이번 절에서는 연산이라는 용어를 종종 사용했다. 연산은 단순히 산술만을 의미하진 않는다. 데이터베이스나 파일 또는 웹 서비스 접근 역시 상당한 자원과 시간을 소비하게 된다. 이러한 작업은 반드시 비동기로 실행돼야 한다. 장시간 동작하는 작업은 ViewModel의 일부가 아니라 ViewModel에서 호출되게 해야 함을 명심하자(예를 들어 리포지터리가 이에 해당한다). 그로 인해 이러한 코드 역시 빠르게 동작해야만 한다. Repository 구현체에서는 코드를 단순화하고자 Preferences API를 동기적으로 접근한다. 엄밀히 말하면 이러한 간단한 작업도 비동기로 동작해야 한다.

> **팁**
>
> 젯팩 데이터스토어(Jetpack DataStore)는 키-벨류 쌍 또는 프로토콜 버퍼와 함께 타입을 갖는 객체를 저장할 수 있게 해준다. 여기서는 데이터를 비동기로 저장하고자 코틀린 코루틴과 플로우를 사용한다. 젯팩 데이터스토어에 대한 추가 정보는 https://developer.android.com/topic/libraries/architecture/datastore에서 확인할 수 있다.

이것으로 컴포저블 함수와 ViewModel 인스턴스 간 상호작용을 살펴보는 것을 마무리한다. 다음 절에서는 UI 요소를 방출하지 않고 구성이 완료되면 실행함으로써 부수 효과를 유발하는 컴포저블을 소개한다.

::: 부수 효과의 이해

6장의 '화면 구조화를 위해 Scaffold() 사용' 절에서 rememberCoroutineScope { }와 scaffoldState.snackbarHostState.showSnackbar()를 사용해 스낵 바를 출력하는 방법을 소개했다. 이 함수는 반드시 코루틴이나 또 다른 중단 함수에서 호출돼야 한다. 따라서 rememberCoroutineScope()를 사용해 CoroutineScope를 생성 및 기억하고 launch { } 함수를 호출했다.

중단 함수 호출

중단 함수를 생성하기 위한 또 다른 방법으로 LaunchedEffect() 컴포저블이 있다. 이 함수가 어떻게 동작하는지 알아보고자 LaunchedEffectDemo() 컴포저블을 살펴보자. 다음 그림에 나타난 것처럼 이 함수는 EffectDemo 샘플에 포함돼 있다.

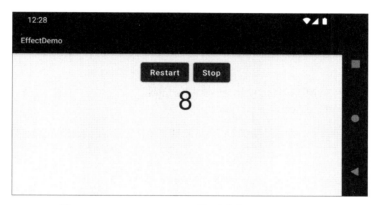

그림 7.1: LaunchedEffectDemo()를 나타내는 EffectDemo 샘플

LaunchedEffectDemo()는 카운터 기능을 구현한다. Start 버튼을 클릭하고 나면 매초 카운터가 증가한다. Restart를 클릭하면 카운터가 초기화된다. Stop 버튼을 누르면 종료된다. 다음 코드는 이러한 동작을 구현하는 코드를 보여준다.

```
@Composable
fun LaunchedEffectDemo() {
    var clickCount by rememberSaveable { mutableStateOf(0) }
    var counter by rememberSaveable { mutableStateOf(0) }
    Column(
        modifier = Modifier
            .fillMaxSize()
            .padding(16.dp),
        horizontalAlignment = Alignment.CenterHorizontally
    ) {
        Row {
```

```
    Button(onClick = {
        clickCount += 1
    }) {
        Text(
            text = if (clickCount == 0)
                stringResource(id = R.string.start)
            else
                stringResource(id = R.string.restart)
        )
    }
    Spacer(modifier = Modifier.width(8.dp))
    Button(enabled = clickCount > 0,
        onClick = {
            clickCount = 0
        }) {
        Text(text = stringResource(id = R.string.stop))
    }
    if (clickCount > 0) {
        DisposableEffect(clickCount) {
            println("init: clickCount is $clickCount")
            onDispose {
                println("dispose: clickCount is $clickCount")
            }
        }
        LaunchedEffect(clickCount) {
            counter = 0
            while (isActive) {
                counter += 1
                delay(1000)
            }
        }
    }
}
Text(
    text = "$counter",
```

```
            style = MaterialTheme.typography.h3
        )
    }
}
```

clickCount는 Start와 Restart 버튼을 얼마나 자주 클릭했는지 카운트한다. Stop 버튼은 카운터를 0으로 초기화한다. clickCount 값이 0보다 크다는 것은 매초마다 또 다른 기억된 값(카운터)이 증가해야 한다는 것을 의미한다. 이러한 동작은 LaunchedEffect()로 전달된 중단 함수를 통해 수행된다. 이 컴포저블은 컴포저블 내부로부터 중단 함수를 안전하게 호출하고자 사용된다. 이제 이 함수가 어떻게 동작하는지 살펴보자.

LaunchedEffect()가 구성 단계에 진입하면(if (coickCount > 0) ...) 매개변수로 전달된 코드를 블록하면서 코루틴을 실행한다. LaunchedEffect()가 함성 단계를 벗어나면 (clickCount <= 0) 코루틴은 취소될 것이다. LaunchedEffect()는 한 개의 매개변수를 전달받는다는 것을 확인했는가? LaunchedEffect()가 다른 키로 재구성되면(예제에서는 하나만 사용하고 있지만 필요하다면 여러 개를 전달할 수 있다) 기존 코루틴은 취소되고 새로운 코루틴이 시작될 것이다.

보다시피 LaunchedEffect()는 비동기 작업을 손쉽게 시작하거나 재시작할 수 있게 해준다. 관련 코루틴은 자동으로 정리된다. 그러나 키가 변경되거나 컴포저블이 구성 단계를 벗어나게 될 경우 추가적인 정리 동작(리스너를 해제하는 등의 동작)을 해야만 하는 경우에는 어떻게 해야 할까? 다음 절에서 알아보자.

DisposableEffect()로 정리

DisposableEffect() 컴포저블 함수는 키가 변경됐을 때 함수를 실행한다. 게다가 컴포저블에 정리 목적으로 람다 표현식을 전달할 수 있다. 람다 표현식은

DisposableEffect() 함수가 구성 단계를 벗어날 때 실행될 것이다. 다음에서 관련 코드를 확인할 수 있다.

```
DisposableEffect(clickCount) {
    println("init: clickCount is $clickCount")
    onDispose {
        println("dispose: clickCount is $clickCount")
    }
}
```

init:으로 시작하는 메시지는 clickCount가 변경될 때마다 출력될 것이다(바로 시작 또는 재시작 버튼이 클릭됐을 때다). dispose:로 시작하는 메시지는 clickCount가 변경되거나 DisposableEffect()가 구성 단계를 벗어날 때 나타날 것이다.

중요 사항

DisposableEffect()는 블록의 최종 문단으로 반드시 onDispose { } 절을 포함해야 한다.

책에서는 컴포즈 앱에서 부수 효과를 사용하는 두 가지 예제를 제공했다. Effect API는 몇 가지 유용한 컴포저블을 포함한다. 예를 들어 SideEffect()를 사용해 앱에서 컴포즈가 아닌 코드에 컴포저블 상태를 발행할 수 있으며, produceState()는 컴포즈가 아닌 상태를 State 인스턴스로 변환해준다. Effect API에 대한 추가 정보는 https://developer.android.com/jetpack/compose/side-effects에서 확인할 수 있다.

⠶ 요약

7장에서는 `ComposeUnitConverter` 예제의 추가적인 부분을 다뤘다. 5장의 'ViewModel 사용' 절에서 처음 살펴봤던 `ViewModel` 패턴에 대한 탐험을 계속해서 이어갔다. 이번에는 `ViewModel`에 비즈니스 로직을 추가하고 데이터를 유지하고 검색할 수 있는 객체를 주입해봤다.

'컴포저블을 반응성 있게 유지' 절에서는 컴포저블 함수의 핵심 요구 사항 중 하나를 다시 알아봤다. 재구성은 매우 자주 발생할 수 있기 때문에 컴포저블은 가능한 한 빠르게 동작해야 하며, 이러한 사실은 코드 내부에서 해야 할 동작과 하지 말아야 할 동작을 정하는 데 영향을 끼친다. 책에서는 간단한 루프문이 어떻게 컴포즈 앱의 응답을 멈추게 하는지와 코루틴이 이러한 문제를 어떻게 처리하는지 보여줬다.

마지막 '부수 효과의 이해' 절에서는 부수 효과를 설명하고 간단한 카운터를 구현하고자 `LaunchedEffect`를 사용했다.

8장에서는 애니메이션을 활용해 UI 요소를 화면에 노출하거나 숨기는 방법을 알아본다. 여기서는 시각 효과를 통해 멋진 트랜지션 효과를 나타내고 상태 변경을 가시화하고자 애니메이션을 사용할 것이다.

고급 주제

3부에서는 애니메이션을 통한 시각적 관심을 높이는 방식으로 컴포즈 앱의 품질을 강화하는 방법에 중점을 둔다. 또한 컴포저블 함수를 테스트해야 하는 이유와 어떻게 테스트해야 하는지를 알아보고, 컴포저블과 기존 뷰를 혼합하는 방법도 알아본다.

3부는 다음 장으로 구성된다.

- 8장, 애니메이션 적용

- 9장, 상호 운용 API 자세히 알아보기

- 10장, 컴포즈 앱 테스트와 디버깅

- 11장, 결론과 다음 단계

08

애니메이션 적용

7장까지는 젯팩 컴포즈의 여러 가지 기술적인 측면을 소개하면서 잘 동작하고 멋진 앱을 만드는 방법을 알아봤다. 이제 앱에 애니메이션과 트랜지션 기능을 추가하면 앱은 진정으로 멋진 모습이 될 것이다. 컴포즈는 애니메이션 효과를 추가하는 일련의 작업을 예전 뷰 기반의 접근 방식 대비 크게 단순화했다.

8장에서는 애니메이션과 관련된 중요한 애플리케이션 프로그래밍 인터페이스[API]를 살펴보고, 애니메이션의 여러 프로퍼티를 살펴볼 뿐만 아니라 실제 컴포저블 간의 전환과 상태 변화 및 시각적 상호작용 간의 연관 관계를 마스터한다.

8장에서 다루는 내용은 다음과 같다.

- 애니메이션을 사용한 상태 변화 시각화

- 애니메이션을 사용해 UI 요소를 노출하거나 숨기기

- 시각 효과를 통한 트랜지션 향상

먼저 상태 변화를 시각화하고자 애니메이션을 사용하는 것부터 시작해본다. 버튼을 클릭하면 UI 객체의 색상을 변경하는 것과 같은 간단한 사례를 한번 생각해보자. 단지 색상을 전환하는 것은 어딘가 부자연스러워 보이지만 점진적인 변화는 시각적으로 훨씬 만족감을 준다. 또한 애니메이션이 진행되는 동안 여러 값을 변경하고자 할 경우에도 젯팩 컴포즈는 이를 손쉽게 처리할 수 있다. 뒤에서 이러한 시나리오에서 사용되는 `updateTransition()` 컴포저블을 소개한다.

'애니메이션을 사용해 UI 요소를 노출하거나 숨기기' 절에서는 `AnimatedVisibility()` 컴포저블 함수를 소개한다. 이 함수는 콘텐츠가 나타나거나 사라지는 동안 재생되는 트랜지션에 진입하거나 종료할 수 있게 해준다. 또한 크기 변화에 대한 애니메이션도 적용해볼 것이며, 이와 관련된 `animatedContentSize()` 변경자를 살펴본다.

'시각 효과를 통한 트랜지션 향상' 절에서는 `Crossfade()` 컴포저블을 사용해 크로스페이드 애니메이션을 통한 두 레이아웃 간의 전환을 구현해본다. 그뿐만 아니라 이 절에서는 `AnimationSpec`도 살펴본다. 이 인터페이스는 애니메이션의 사양을 나타낸다. 마지막으로 무한 애니메이션을 작성하는 것으로 이 절을 마무리한다.

⁞ 기술 요구 사항

8장은 `AnimationDemo` 예제를 기반으로 한다. 안드로이드 스튜디오를 설치하고 설정하는 방법뿐만 아니라 책에 동반된 리포지터리를 다운로드하는 방법은 1장의 '기술 요구 사항' 절을 참고하기 바란다.

8장의 모든 코드 파일은 깃허브 https://github.com/PacktPublishing/Android-UI-Development-with-Jetpack-Compose/tree/main/chapter_08에서 확인할 수 있다.

⫶⫶⫶ 애니메이션을 사용한 상태 변화 시각화

상태는 시간이 지남에 따라 변경되는 앱 데이터다. 컴포즈 앱에서 상태(이번 예제에서는 색상이 해당된다)는 State나 MutableState 인스턴스로 나타낸다. 상태 변경은 재구성을 유발한다. 다음 예제에서는 버튼과 박스를 출력한다. 버튼을 클릭하면 상태를 변화시켜 박스의 색상을 빨간색과 흰색으로 전환한다.

```
@Composable
fun StateChangeDemo() {
  var toggled by remember {
    mutableStateOf(false)
  }
  val color = if (toggled)
    Color.White
  else
    Color.Red
  Column(
    modifier = Modifier
      .fillMaxSize()
      .padding(16.dp),
    horizontalAlignment = Alignment.CenterHorizontally
  ) {
    Button(onClick = {
      toggled = !toggled
    }) {
      Text(
        stringResource(R.string.toggle)
      )
    }
    Box(
      modifier = Modifier
        .padding(top = 32.dp)
        .background(color = color)
        .size(128.dp)
```

```
      )
    }
  }
```

예제에서 color는 그저 변경 불가능한 변수다. 이 변수는 **toggled**(변경할 수 있는 불리언 상태)가 변경될 때마다 값이 설정된다(toggled 변경은 onClick 내부에서 이뤄진다). **color**는 Box()에 적용된 변경자와 함께 사용되며, 버튼을 클릭하면 박스의 색상이 변경된다.

코드를 실행하면 색상 전환이 매우 갑작스럽고 부자연스럽다고 느껴진다. 이는 흰색과 빨간색이 서로 비슷한 색상이 아니기 때문이다. 애니메이션을 사용하면 색상 변화가 훨씬 더 맘에 들 것이다. 이제 코드가 어떻게 동작하는지 살펴보자.

한 가지 값을 변경하는 애니메이션

내장된 animateColorAsState() 컴포저블을 사용하면 색상에 애니메이션을 적용할 수 있다. StateChangeDemo()에 있는 val color = if (toggled) ... 할당문을 다음 코드 블록으로 교체한다. 코드를 실행하고자 한다면 AnimationDemo 샘플에 포함돼 있는 AnimationDemoActivity.kt에서 SingleValueAnimationDemo() 컴포저블 함수를 발견할 수 있을 것이다.

```
  val color by animateColorAsState(
    targetValue = if (toggled)
      Color.White
    else
      Color.Red
  )
```

animateColorAsState()는 State<Color> 인스턴스를 반환한다. 애니메이션은 targetValue가 변경될 때마다 자동으로 실행될 것이다. 애니메이션 진행 중에 변경 사항이 발생하면 진행 중인 애니메이션은 새로운 targetValue에 맞게 조정될 것이다.

> **팁**
>
> by 키워드를 사용하면 일반적인 변수에서 했던 것처럼 색상 상태에 접근할 수 있다.

애니메이션이 끝났을 때 알림을 받고자 추가적인 리스너[listener]를 제공할 수 있다. 다음 코드에서는 새로운 상태에 맞는 색상을 출력한다.

```
finishedListener = { color -> println(color) }
```

AnimationSpec<Color> 인스턴스를 animateColorAsState()에 전달하면 애니메이션을 커스터마이징할 수 있다. 기본값은 colorDefaultSpring으로, SingleValueAnimation.kt에 private 상수로 선언돼 있다.

```
private val colorDefaultSpring = spring<Color>()
```

spring()은 AnimationSpec.kt에 정의된 최상위 함수다. 이 함수는 감쇠 비율[damping ratio], 강성[stiffness], 가시성 한계점[visibility threshold]을 인자로 받는다. 다음 코드는 색상 애니메이션을 매우 부드럽게 만들어준다.

```
animationSpec = spring(stiffness = Spring.StiffnessVeryLow)
```

spring()은 SpringSpec을 반환한다. 이 클래스는 AnimationSpec을 확장한 FiniteAnimationSpec 인터페이스를 구현한다. 이 인터페이스는 애니메이션에 관한 사양을 정의하는데, 이 사양은 애니메이션을 수행할 데이터 타입과 애니메이션 환경설정을 포함한다. 예제에서는 스프링 메타포가 여기에 해당한다. 다른 것들도 있다. '시각 효과를 통한 트랜지션 향상' 절에서 이 인터페이스로 다시 돌아올 것이다. 다음으로 여러 값을 변경하는 애니메이션을 알아보자.

여러 값을 변경하는 애니메이션

이번 절에서는 상태가 변경됐을 때 한번에 여러 값에 애니메이션을 적용하는 방법을 보여준다. 환경설정은 StateDemo() 및 SingleValueAnimationDemo() 때와 유사하다. Column() 인스턴스는 Button() 인스턴스와 Box() 인스턴스를 포함한다. 그러나 이번에는 박스의 콘텐츠가 Text()가 된다. 버튼은 애니메이션을 시작하는 상태를 변경한다.

다음 코드의 MultipleValuesAnimationDemo()에는 아직 애니메이션을 포함시키지 않았다. FIXME: 애니메이션 설정이 빠져있음 주석 밑에 코드를 추가할 것이다.

```
@Composable
@Preview
fun MultipleValuesAnimationDemo() {
  var toggled by remember {
    mutableStateOf(false)
  }
  // FIXME: 애니메이션 설정이 빠져있음
  Column(
    modifier = Modifier
      .fillMaxSize()
      .padding(16.dp),
    horizontalAlignment = Alignment.CenterHorizontally
  ) {
    Button(onClick = {
      toggled = !toggled
    }) {
```

```
            Text(
                stringResource(R.string.toggle)
            )
        }
        Box(
            contentAlignment = Alignment.Center,
            modifier = Modifier
                .padding(top = 32.dp)
                .border(
                    width = borderWidth,
                    color = Color.Black
                )
                .size(128.dp)
        ) {
            Text(
                text = stringResource(id = R.string.app_name),
                modifier = Modifier.rotate(degrees = degrees)
            )
        }
    }
}
```

Box()는 borderWidth로 너비를 제어하는 검은색 테두리를 갖는다. 컴포저블 함수에 테두리를 적용하려면 border() 변경자를 추가하기만 하면 된다. 예제에서 Text()는 회전한다. rotate() 변경자를 사용하면 이러한 동작을 구현할 수 있다. degrees 변수는 각도를 유지한다. degrees와 borderWidth는 애니메이션이 동작하는 동안 변경될 것이다. 이를 구현하는 코드는 다음과 같다.

```
val transition = updateTransition(targetState = toggled)
val borderWidth by transition.animateDp() { state ->
    if (state)
        10.dp
```

```
        else
           1.dp
    }
    val degrees by transition.animateFloat() { state ->
       if (state) -90F
       else
          0F
    }
```

updateTransition() 컴포저블 함수는 Transition을 구성하고 반환한다. targetState 가 변경되면 트랜지션은 모든 자식 애니메이션을 목푯값으로 실행할 것이다. 자식 애니메이션은 animate...() 함수를 사용해 추가한다. 이들 함수는 확장 함수로 Transition 인스턴스의 일부가 아니다. animateDp()는 밀도 독립 픽셀에 기반을 두는 애니메이션을 추가한다.

예제에서는 테두리의 너비를 제어한다. animateFloat()는 Float 애니메이션을 생성한다. 이 함수는 Float 값을 갖는 Text() 로테이션을 변경하는 데 안성맞춤이다. 이 외에도 다른 데이터 타입에서 동작하는 여러 animate...() 함수가 있다. 예를 들어 animateInt()는 Int 값으로 동작한다. animateOffset()는 Offset 인스턴스에 애니메이션을 적용한다. androidx.compose.animation.core 패키지에 포함된 Transition.kt에서 이러한 함수를 찾을 수 있다.

Transition 인스턴스는 트랜지션의 상태를 반영하는 여러 프로퍼티를 제공한다. 예를 들어 isRunning은 트랜지션의 애니메이션이 현재 실행 중인지 여부를 나타낸다. segment는 초기 상태와 현재 진행 중인 트랜지션의 대상 상태를 포함한다. 트랜지션의 현재 상태는 currentState로 확인할 수 있다. 이 값은 트랜지션이 완료될 때까지 초깃값일 것이다. 그리고 난 후 currentState는 대상 상태로 값이 설정된다.

지금까지 살펴본 바와 같이 상태 변경을 사용해 애니메이션을 유발하는 것은 매우 쉽다. 지금까지 이러한 애니메이션은 하나 이상의 컴포저블 함수의 외형을 변경했다. 다음 절에서는 UI 요소를 표시하거나 숨기고자 애니메이션을 적용하는 방법을 알아본다.

애니메이션을 사용해 UI 요소를 노출하거나 숨기기

때로 UI에는 항상 노출할 필요가 없는 정보가 포함되는 경우가 있을 것이다. 예를 들어 주소록에서 연락처의 핵심 속성만 보여주고 버튼 클릭과 같은 별도 요청에 따라 상세 정보를 보여주고 싶을 수도 있다. 그러나 추가적인 데이터를 단순히 노출하고 숨기기만 하는 것은 갑작스러울 수 있다. 애니메이션을 사용하면 더 나은 경험을 제공하므로 이에 대해 좀 더 알아보자.

AnimatedVisibility()의 이해

이번 절에서는 AnimatedVisibilityDemo() 컴포저블 샘플을 살펴본다. 이 함수는 AnimationDemo 프로젝트에 포함돼 있다. StateDemo()나 SingleValueAnimation Demo(), MultipleValuesAnimationDemo()와 마찬가지로 이번 예제 역시 Button() 인스턴스와 Box() 인스턴스를 포함하는 Column() 인스턴스를 사용한다. 이 부분 코드는 간단명료하므로 여기서는 반복해서 말하지 않을 것이다. 버튼은 애니메이션을 시작하는 상태를 변경시킨다. 어떻게 동작하는지 한번 살펴보자.

```
AnimatedVisibility(
    visible = visible,
    enter = slideInHorizontally(),
    exit = slideOutVertically()
) {
    Box(
        modifier = Modifier
```

```
            .padding(top = 32.dp)
            .background(color = Color.Red)
            .size(128.dp)
    )
}
```

박스는 AnimatedVisibility()로 감싸져 있다. 이 내장 컴포저블 함수는 visible 매개변수가 변경되면 해당 콘텐츠를 노출하거나 사라지게 하는 애니메이션을 수행한다. EnterTransition과 ExitTransition 인스턴스에 다른 값을 명시할 수 도 있다. 예제에서는 박스가 수직으로 슬라이딩해 들어오고 수평으로 슬라이딩해 나가게 했다.

현재 다음과 같은 세 가지 트랜지션 타입이 있다.

- Fade

- Expand와 Shrink

- Slide

위 타입은 +를 사용해 조합할 수 있다.

```
enter = slideInHorizontally() + fadeIn(),
```

애니메이션은 동시에 시작하기 때문에 조합 순서는 중요하지 않다.

enter에 값을 전달하지 않으면 콘텐츠는 수직으로 확장되면서 기본값으로 페이드인[fade in]될 것이다. exit를 생략하면 콘텐츠는 수직으로 줄어들면서 페이드아웃[fade out]될 것이다.

크기 변경 애니메이션

때로는 화면에서 UI 요소가 요구하는 영역의 크기를 변경하고 싶은 경우가 있다. 텍스트 필드의 경우를 생각해보자. 컴팩트 모드에서는 단지 세 줄로 노출되는 반면 상세 모드에서는 열 줄 이상으로 출력될지도 모른다. SizeChangeAnimationDemo() 샘플 컴포저블(그림 8.1)에서는 슬라이더를 사용해 Text()의 maxLines 값을 제어한다.

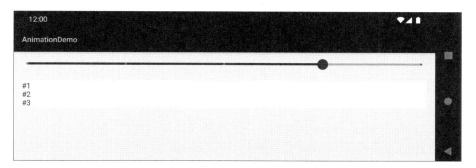

그림 8.1: SizeChangeAnimationDemo()를 선보이고 있는 AnimationDemo 샘플

일반적인 설정은 앞 절들의 예제 내용을 따른다. Column() 인스턴스는 컴포저블 함수들의 컨테이너 역할을 하며, 이번 예제에서는 Slider() 인스턴스와 Text() 인스턴스가 Column() 인스턴스에 포함되는 컴포저블 함수가 된다. 그런 다음 상태 변경은 애니메이션을 촉발한다. 다음은 관련 코드를 보여준다.

---

1. 젯팩 컴포즈 1.1부터 정식 기능으로 사용할 수 있다. - 옮긴이

```
@Composable
fun SizeChangeAnimationDemo() {
    var size by remember { mutableStateOf(1F) }
    Column(
        modifier = Modifier
            .fillMaxSize()
            .padding(16.dp)
    ) {
        Slider(
            value = size,
            valueRange = (1F..4F),
            steps = 3,
            onValueChange = {
                size = it
            },
            modifier = Modifier.padding(bottom = 8.dp)
        )
        Text(
            text = stringResource(id = R.string.lines),
            modifier = Modifier
                .fillMaxWidth()
                .background(Color.White)
                .animateContentSize(),
            maxLines = size.toInt(), color = Color.Blue
        )
    }
}
```

size는 변경할 수 있는 Float 상태다. 이 값은 Slider()의 기본값으로 전달된다. 슬라이더가 움직이면 onValueChange { }가 호출된다. 이 람다 표현식은 새로운 값을 전달받으며, 이 값은 size에 할당된다. Text() 컴포저블은 이 값을 maxLines 값으로 사용한다.

애니메이션은 animateContentSize() 변경자로 처리된다. 이 변경자는 androidx.

compose.animation 패키지에 포함돼 있다. 변경자는 두 개의 매개변수를 기대하는데, animationSpec과 finishedListener다. 두 매개변수 모두 '한 가지 값을 변경하는 애니메이션' 절에서 간략히 소개했었다. animationSpce의 기본값은 spring()이다. 일정 시간 후에 모든 줄이 한꺼번에 나타나게 하고 싶다면 다음 코드를 추가해 볼 수 있다.

```
animationSpec = snap(1000)
```

스냅 애니메이션은 애니메이션이 동작 중인 값을 애니메이션 종료 값으로 즉시 전환한다. 애니메이션에 밀리초^{milliseconds}를 전달함으로써 애니메이션을 실행하기 전해당 시간만큼 대기할 수 있다. 기본값은 0이다. 이제 snap()은 AnimationSpec을 구현한 SnapSpec 인스턴스를 반환한다. '시각 효과를 통한 트랜지션 향상' 절에서이 인터페이스를 다시 한 번 알아본다.

finishedListener의 기본값은 null이다. 크기 변경 애니메이션이 끝났을 때 알림을 받고 싶다면 이 매개변수에 구현체를 제공하면 된다. 초깃값과 최종 크기 모두리스너에 전달된다. 애니메이션이 중단되면 중단 시점의 크기가 초깃값으로 될 것이다. 이러한 동작은 크기 변경의 방향을 결정하는 데 도움이 된다.

이것으로 애니메이션을 사용해 UI 요소를 노출하거나 숨기는 기능을 살펴보는 것을마무리한다. 다음 절에서는 UI 일부를 전환하는 데 중점을 둔다. 예를 들어 Crossfade()를 사용해 크로스페이드 애니메이션^{crossfade animation}으로 두 컴포저블 함수를 서로 전환할 것이다.

⁝⁝ 시각 효과를 통한 트랜지션 향상

지금까지는 색상, 크기 또는 노출 여부와 같은 UI 요소의 특정 부분을 변경하는 애니메이션을 알아봤다. 그러나 때로는 UI 일부를 전환하고 싶을 때도 있다. 이런 경우에는 `Crossfade()`를 사용하면 편리하다. 이 함수는 크로스페이드 애니메이션을 사용해 두 컴포저블 함수를 서로 전환하게 해준다. 어떻게 동작하는지 알아보고자 `AnimationDemo` 프로젝트의 `CrossfadeAnimationDemo()` 샘플을 살펴본다.

그림 8.2: `CrossfadeAnimationDemo()`를 선보이고 있는 `AnimationDemo` 샘플

스위치는 두 스크린을 서로 토글시킨다. 여기서는 애니메이션에 집중하고 있기 때문에 `Screen()` 컴포저블은 매우 간단하게 구성했으며, 커스터마이징할 수 있는 배경색을 가진 박스와 크기가 큰 텍스트가 내부에서 가운데에 있을 뿐이다. 소스코드는 AnimationDemoActivity.kt에서 확인할 수 있다.

크로스페이드 컴포저블 함수

8장의 다른 예제들과 마찬가지로 CrossfadeAnimationDemo()도 Column()을 최상위 요소로 사용한다. Column()은 화면에 스위치와 화면에 출력할 스크린(Screen())을 포함한다. 어떤 스크린을 보여줄지는 변경할 수 있는 불리언 타입의 상태에 달려있다.

```
@Composable
fun CrossfadeAnimationDemo() {
  var isFirstScreen by remember { mutableStateOf(true) }
  Column(
    modifier = Modifier
      .fillMaxSize(),
    horizontalAlignment = Alignment.CenterHorizontally
  ) {
    Switch(
      checked = isFirstScreen,
      onCheckedChange = {
        isFirstScreen = !isFirstScreen
      },
      modifier = Modifier.padding(top = 16.dp, bottom = 16.dp)
    )
    Crossfade(targetState = isFirstScreen) { it ->
      if (it) {
        Screen(
          text = stringResource(id = R.string.letter_w),
          backgroundColor = Color.Gray
        )
      } else {
        Screen(
          text = stringResource(id = R.string.letter_i),
          backgroundColor = Color.LightGray
        )
      }
    }
  }
}
```

```
            }
        }
```

Switch()의 onCheckedChange 람다 표현식은 isFirstScreen을 변경한다. isFirstScreen 상태는 targetState 매개변수로 Crossfade()에 전달된다. 지금까지 보여준 다른 애니메이션과 마찬가지로 값이 변경될 때마다 애니메이션 동작을 유발한다. 좀 더 구체적으로 말하면 이전 값과 함께 호출되는 콘텐츠는 페이드아웃되고 새로운 값과 함께 호출되는 콘텐츠는 페이드인될 것이다.

Crossfade()는 FiniteAnimationSpec<Float> 타입의 animationSpec을 전달받는다. animationSpce의 기본값은 tween()이다. 이 함수는 정해진 지속, 지연시간, 이징 커브easing curve로 구성된 TweenSpec 인스턴스를 반환한다. 매개변수의 기본값은 각각 DefaultDurationMillis(300밀리초), 0, FastOutSlowInEasing이 된다. FastOutSlowInEasing은 CubicBezierEasing의 인스턴스다. 이 클래스는 삼차 베지에 곡선Bézier curve을 모델로 한다. 이 클래스의 생성자는 네 개의 매개변수를 받는다.

- 첫 번째 제어점control point의 x와 y 좌표

- 두 번째 제어점control point의 x와 y 좌표

문서에서는 점 (0, 0)과 첫 번째 제어점을 통과하는 선은 점 (0, 0)에서 이징 커브와 접점이 되고, 점 (1, 1)과 두 번째 제어점을 통과하는 선은 점 (1, 1)에서 이징 커브와 접점을 이룬다고 설명한다. CubicBezierEasing은 Easing 인터페이스(androidx. compose.animation.core 패키지에 포함돼 있음)의 구현체다. FastOutSlowInEasing 외에도, LinearOutSlowInEasing, FastOutLinearInEasing, LinearEasing과 같이 미리 정의된 세 종류의 커브를 선택해 애니메이션을 커스터마이징할 수 있다.

Crossfade()가 FiniteAnimationSpec<Float> 타입의 animationSpec을 전달받기 때문이다. 예를 들어 다음 코드를 전달하면 매우 낮은 스티프니스stiffness 계수를 갖

는 스프링 애니메이션을 사용하고자 한다면 다음과 같은 코드를 매개변수로 전달하면 된다.

```
animationSpec = spring(stiffness = Spring.StiffnessVeryLow)
```

다음 절에서는 다양한 애니메이션 사양이 서로 어떤 연관이 있는지 알아본다.

애니메이션 사양의 이해

AnimationSpec은 애니메이션 사양을 정의하기 위한 기본 인터페이스다. Animation Spec은 애니메이션을 수행할 데이터 타입과 애니메이션 환경설정을 저장한다. 유일한 함수인 vectorize()는 주어진 TwoWayConverter(이 컨버터는 주어진 타입을 AnimationVector로 변환하거나 역으로 변환시킨다)를 사용해 VectorizedAnimationSpec 인스턴스를 생성한다.

애니메이션 시스템은 AnimationVector 인스턴스에서 동작한다. Vectorized AnimationSpec은 벡터들이 애니메이션 동작을 어떻게 수행해야 하는지를 기술하는데, 예를 들어 시작 지점의 값과 끝 지점의 값 사이를 간단히 보간하거나(TweenSpec에서 살펴본 것처럼), 애니메이션을 전혀 보여주지 않는다거나(SnapSpec), 동작을 나타내는 데 스프링 물리 현상을 적용하기도 한다(SpringSpec).

FiniteAnimationSpec 인터페이스는 AnimationSpec을 확장한다. RepeatableSpec과 SpringSpec 클래스는 FiniteAnimationSpec을 직접적으로 구현한다. Finite AnimationSpec은 VectorizedFiniteAnimationSpec을 반환하고자 vectorize()를 재정의한다. 또한 FiniteAnimationSpec은 VectorizedDurationBasedAnimation Spec을 반환하고자 vectorize()를 재정의하는 DurationBasedAnimationSpec 인터페이스의 부모이기도 하다. 그리고 TweenSpec, SnapSpec, KeyframesSpec은 DurationBasedAnimationSpec을 구현하는 클래스다.

keyframe() 함수를 호출하면서 애니메이션용 초기화 함수를 전달하면 KeyframesSpec

인스턴스를 생성할 수 있다. 애니메이션의 지속 시간을 정의한 다음에는 애니메이션이 수행되는 값과 밀리초 단위의 정해진 시간을 매칭한 매핑 값을 전달하게 된다.

```
animationSpec = keyframes {
    durationMillis = 8000
    0f at 0
    1f at 2000
    0f at 4000
    1f at 6000
}
```

위 예제에서 애니메이션이 동작하는 시간은 8초인데, 애니메이션을 실제 사용하는 것보다 더 긴 시간이긴 하지만 변화 과정을 관찰할 수는 있다. 이 코드를 CrossfadeAnimation()에 적용하면 애니메이션이 진행되는 동안 문자가 두 번 나타나는 것을 확인할 수 있을 것이다.

지금까지 유한하게 동작하는 애니메이션에 대해 알아봤다. 애니메이션이 끝나지 않고 계속해서 동작하게 하려면 어떻게 해야 할까? 젯팩 컴포즈는 Circular ProgressIndicator()와 LinearProgressIndicator() 컴포저블에서 이러한 동작을 수행한다. InfiniteRepeatableSpec은 수동으로 취소하기 전까지 주어진 애니메이션을 반복한다.

애니메이션을 트랜지션이나 다른 애니메이션 컴포저블과 함께 사용할 때 컴포저블이 컴포저블 트리에서 제거되면 애니메이션이 중지될 것이다. InfiniteRepeatableSpec은 AnimationSpec을 구현한다. InfiniteRepeatableSpec 생성자는 animation과 repeatMode 이렇게 두 가지 매개변수가 필요하다. RepeatMode 이넘[enum] 클래스는 Restart와 Reverse 이렇게 두 가지 값을 정의한다. repeatMode의 기본값은 RepeatMode.Restart로, 이는 반복할 때 처음부터 재시작된다는 것을 의미한다.

infiniteRepeatable()을 사용하면 InfiniteRepeatableSpce 인스턴스를 생성할

수 있다. InfiniteRepeatableDemo() 샘플의 컴포저블(그림 8.3)은 위 기능이 어떻게 동작하는지 보여준다.

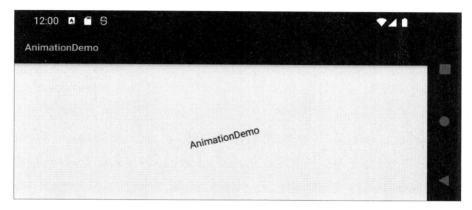

그림 8.3: InfiniteRepeatableDemo()를 선보이고 있는 AnimationDemo 샘플

이 컴포저블은 텍스트를 반시계 방향으로 0에서 359도로 회전시킨다. 그런 다음 애니메이션을 재시작한다. Text()는 Box() 내부 중앙에 위치한다.

```
@Composable
fun InfiniteRepeatableDemo() {
    val infiniteTransition = rememberInfiniteTransition()
    val degrees by infiniteTransition.animateFloat(
        initialValue = 0F,
        targetValue = 359F,
        animationSpec = infiniteRepeatable(animation = keyframes {
            durationMillis = 1500
            0F at 0
            359F at 1500
        })
    )
    Box(
        modifier = Modifier.fillMaxSize(),
        contentAlignment = Alignment.Center
```

```
    ) {
        Text(text = stringResource(id = R.string.app_name),
            modifier = Modifier.rotate(degrees = degrees))
    }
}
```

잠재적으로 무한히 동작하는 애니메이션을 생성하려면 먼저 rememberinfinite
Transition()을 사용해 무한 트랜지션을 기억해야 한다. 그러면 트랜지션 인스턴
스의 animateFloat()를 호출할 수 있다. 이 함수는 State<Float>를 반환하며
rotate() 변경자에서 사용된다. infiniteRepeatable()은 animationSpec 매개변
수로 animateFloat()에 전달된다. 애니메이션 자체는 키프레임을 기반으로 한다.
여기서는 오직 두 가지 프레임만 정의하면 되는데, 첫 번째는 시작하는 각도이고
두 번째로 끝나는 각도를 정의해야 한다.

repeatMode 매개변수를 다음과 같이 변경하면 텍스트가 계속해서 회전하지 않고
최초 정의한 각도로 돌아오게 할 수 있다.

```
repeatMode = RepeatMode.Reverse
```

그런 다음 시작과 끝 지점에 짧게나마 지연시간을 추가해야 한다. 그럼 keyframes
{ }는 다음과 같은 모습이 된다.

```
keyframes {
    durationMillis = 2000
    0F at 500
    359F at 1500
}
```

이것으로 애니메이션 사양을 살펴보는 것을 마무리한다. 7장을 마무리하면서 다룬 내용을 짧게나마 요약하고 다음 장에서 다룰 내용도 알아보자.

⠿ 요약

8장에서는 애니메이션과 트랜지션으로 앱의 품질을 높이는 데 있어 젯팩 컴포즈를 사용하면 얼마나 쉽게 이를 구현할 수 있는지 보여줬다. 처음에는 상태 변경을 시각화하고자 간단한 애니메이션을 사용하는 것으로 시작했다. 그 예로 animate ColorAsState()를 소개했다. 그런 다음 Transition 인스턴스를 얻고자 update Transition()을 사용했고 상태를 기반으로 하는 여러 값에 애니메이션 동작을 동시에 적용하고자 animateDp()와 animateFloat() 같은 확장 함수를 호출했다.

'애니메이션을 사용해 UI 요소를 노출하거나 숨기기' 절에서는 트랜지션에 진입하고 빠져나올 때 사용하는 AnimatedVisibility() 컴포저블 함수를 소개했다. 이러한 트랜지션은 콘텐츠가 나타나거나 사라지는 동안 재생된다. 또한 animate ContentSize() 변경자를 사용해 크기를 변경하는 애니메이션을 사용하는 방법도 살펴봤다.

마지막 절인 '시각 효과를 통한 트랜지션 향상' 절에서는 크로스페이드 애니메이션을 사용해 두 레이아웃을 전환하고자 Crossfade() 컴포저블 함수를 사용했다. 게다가 AnimateionSpec과 관련된 클래스와 인터페이스도 살펴봤다. 그리고 무한 애니메이션을 다루는 것으로 이 절을 마무리했다.

9장에서는 기존 뷰와 컴포저블 함수를 혼합하는 방법을 살펴본다. 여기서 두 세계 간 데이터를 공유하고자 ViewModel로 다시 한 번 되돌아간다. 그리고 컴포즈 앱에서 서드파티 라이브러리를 통합하는 방법도 살펴본다.

09

상호 운용 API 자세히 알아보기

이 책의 목적은 아름답고 빠르며 유지 보수가 가능한 젯팩 컴포즈 앱을 개발하는 방법을 알려주는 것이다. 이전 장들에서는 핵심 기술 및 이론뿐만 아니라 중요한 인터페이스, 클래스, 패키지에 익숙해질 수 있도록 도움을 줬다. 물론 컴포저블 함수도 빼놓을 수 없다. 남은 장들에서는 안드로이드의 새로운 선언적 사용자 인터페이스 툴킷을 성공적으로 적용한 이후의 주제를 다룬다.

9장에서는 AndroidView()와 AndroidViewBinding() 그리고 젯팩 컴포즈의 상호 운용 애플리케이션 프로그래밍 인터페이스[API]인 ComposeView를 알아본다.

9장에서 다루는 내용은 다음과 같다.

- 컴포즈 앱에서 뷰 나타내기

- 뷰와 컴포저블 함수 간 데이터 공유

- 뷰 계층 구조에 컴포저블 임베디드

먼저 컴포즈 앱에 전통적인 뷰 계층 구조를 나타내는 방법을 알아본다. 이미지 피커나 색상 선택 또는 카메라 미리 보기와 같은 커스텀 컴포넌트(이들 컴포넌트는 내부적으로 여러 UI 요소로 구성돼 있다)를 작성했다고 가정해보자. 이러한 컴포넌트를 젯팩 컴포즈로 재작성하는 대신 이를 간단히 재사용하는 방식으로 여러분의 노력을 절약할 수 있다. 여전히 수많은 서드파티 라이브러리가 뷰로 작성돼 있기 때문에 여기서는 컴포즈 앱에서 이러한 뷰를 사용하는 방법을 보여준다.

컴포즈 앱에 뷰를 임베디드하고 나면 뷰와 컴포저블 함수 간 데이터를 공유해야 한다. '뷰와 컴포저블 함수 간 데이터 공유' 절에서는 `ViewModel`을 사용해 이를 구현하는 방법을 알아본다.

대개 앱을 처음부터 새로 개발하는 대신 뷰 계층 구조를 컴포저블 함수로 차례차례 변환하면서 점차 젯팩 컴포즈로 마이그레이션하고 싶을 것이다. 마지막 주제인 '뷰 계층 구조에 컴포저블 임베디드' 절에서는 뷰 기반의 앱에 컴포즈 계층 구조를 추가하는 방법을 알아본다.

⠿ 기술 요구 사항

9장은 `ZxingDemo`와 `InteropDemo` 예제를 기반으로 한다. 안드로이드 스튜디오를 설치하고 설정하는 방법뿐만 아니라 책에 동반된 리포지터리를 다운로드하는 방법은 1장의 '기술 요구 사항' 절을 참고하기 바란다.

9장의 모든 코드 파일은 깃허브 https://github.com/PacktPublishing/Android-UI-Development-with-Jetpack-Compose/tree/main/chapter_09에서 확인할 수 있다.

컴포즈 앱에서 뷰 나타내기

앱에 이미지 피커나 색상 선택 또는 카메라 미리 보기와 같은 뷰 기반의 커스텀 컴포넌트를 작성했거나 QR^{Quick Response} 코드나 바코드^{barcode}를 스캔하고자 제브라 크로싱^{Zebra Crossing}(ZXing)과 같은 서드파티 라이브러리를 포함하려고 한다고 가정해보자. 이를 컴포즈 앱에 포함하려면 컴포저블 함수에 뷰^(또는 뷰 계층 구조의 최상위 계층)를 추가해야 한다.

이제 이 구조가 어떻게 동작하는지 살펴보자.

컴포즈 앱에 커스텀 컴포넌트 추가

다음 그림에서처럼 ZxingDemo 샘플에서는 ZXing 디코더를 기반으로 하는 안드로이드용 ZXing 안드로이드 임베디드^{ZXing Android Embedded} 바코드 스캐너 라이브러리를 사용한다. 이 라이브러리는 아파치 라이선스 2.0으로 출시됐으며, 깃허브_(https://github.com/journeyapps/zxing-android-embedded)에서 호스팅하고 있다.

그림 9.1: ZXingDemo 샘플

예제는 바코드와 QR 코드를 계속해서 스캔한다. 바코드 뷰는 라이브러리에서 제공한다. 스캐너 엔진이 결과를 제공하면 Text()를 사용해 오버레이로 결과에 맞는 텍스트를 노출한다. ZXing 안드로이드 임베디드 라이브러리를 사용하려면 다음과 같이 모듈 단계의 build.gradle 파일에 의존성을 추가해야 한다.

```
implementation 'com.journeyapps:zxing-android-embedded:4.3.0'
```

스캐너는 카메라와 (선택적으로) 디바이스 바이브레이터에 접근한다. 앱은 매니페스트에 android.permission.WAKE_LOCK과 android.permission.CAMERA 퍼미션 및 런타임 동안 android.permission.CAMERA 퍼미션을 요청해야 한다. 예제의 구현부는 ActivityResultContracts.RequestPermission()을 기반으로 하는데, 이 방식은 onRequestPermissionsResult()를 재정의하는 전통적인 접근 방식을 대체한다. 또한 스캐너는 액티비티 생명주기에 따라 중지하거나 재개된다. 예제에서는 코드를 단순화하고자 barcodeView 변수에 lateinit을 사용했으며 필요에 따라 barcodeView.pause()와 barcodeView.resume()을 호출한다. 자세한 내용은 프로젝트의 소스 코드를 참고하기 바란다. 다음으로 스캐너 라이브러리를 초기화하는 방법을 보여준다. 이 방식은 다음과 같이 레이아웃 파일(layout.xml)을 인플레이팅 하는 것을 포함한다.

```xml
<?xml version="1.0" encoding="utf-8"?>
<com.journeyapps.barcodescanner.DecoratedBarcodeView
    xmlns:android="http://schemas.android.com/apk/res/android"
    android:id="@+id/barcode_scanner"
    android:layout_width="match_parent"
    android:layout_height="match_parent"
    android:layout_alignParentTop="true" />
```

레이아웃은 DecoratedBarcodeView 요소로만 이뤄졌다. 이 뷰는 사용할 수 있는 공간을 가득 채우게 설정된다. 다음 코드는 onCreate()의 일부다. barcodeView는 onPause()와 같은 생명주기 함수에서 접근하기 때문에 lateinit 프로퍼티로 선언 했다는 것을 기억하기 바란다.

```
val root = layoutInflater.inflate(R.layout.layout, null)
barcodeView = root.findViewById(R.id.barcode_scanner)
val formats = listOf(BarcodeFormat.QR_CODE, BarcodeFormat.CODE_39)
barcodeView.barcodeView.decoderFactory = DefaultDecoderFactory(formats)
barcodeView.initializeFromIntent(intent)
val callback = object : BarcodeCallback {
  override fun barcodeResult(result: BarcodeResult) {
    if (result.text == null || result.text == text.value) {
      return
    }
    text.value = result.text
  }
}
barcodeView.decodeContinuous(callback)
```

먼저 layout.xml이 인플레이트되고 root에 할당된다. 그런 다음 barcodeView를 초기화(initializeFromIntent())하고 환경설정한다(디코더 팩토리를 설정하는 방식으로 구성된다).

마지막으로 decodeContinuous()를 사용해 지속적인 스캐닝 프로세스가 시작된다. callback 람다 표현식은 새로운 스캔 결과를 사용할 수 있을 때마다 호출된다. text 변수는 다음과 같이 정의된다.

```
private val text = MutableLiveData("")
```

여기서는 손쉽게 text를 상태로 관찰하고자 MutableLiveData를 사용한다. 컴포저블 함수에서 여기에 접근하는 방법을 알아보기 전에 지금까지의 내용을 다음과 같이 간략히 정리해보자.

- 스캐너 라이브러리를 설정하고 활성화했다.

- 앱이 바코드나 QR 코드를 감지하면 `MutalbeLiveData` 인스턴스의 값을 갱신한다.

- `root`와 `barcodeView` 이렇게 두 가지 `View` 인스턴스를 정의하고 초기화했다.

다음으로 아래와 같이 컴포저블 내부에서 `ViewModel`에서 얻어진 상태에 접근하는 방법을 알아본다.

```
setContent {
  val state = text.observeAsState()
  state.value?.let {
    ZxingDemo(root, it)
  }
}
```

상태 값과 `root`는 `ZxingDemo()` 컴포저블에 전달된다. 값은 `Text()`를 사용해 화면에 나타낸다. `root` 매개변수는 컴포즈 UI에 뷰 계층 구조를 포함하는 데 사용한다. 관련 코드는 다음에서 확인할 수 있다.

```
@Composable
fun ZxingDemo(root: View, value: String) {
  Box(
    modifier = Modifier.fillMaxSize(),
    contentAlignment = Alignment.TopCenter
  ) {
    AndroidView(modifier = Modifier.fillMaxSize(), factory = {
      root
    })
    if (value.isNotBlank()) {
      Text(
```

```
            modifier = Modifier.padding(16.dp),
            text = value,
            color = Color.White,
            style = MaterialTheme.typography.h4
        )
    }
  }
}
```

UI는 Box() 컴포저블로 이뤄져 있으며 Box()는 자식으로 AndroidView()와 Text()를 갖는다. AndroidView()는 root를 반환하기만 하는 **factory** 블록을 전달받는다 (root는 스캐너 뷰파인더를 포함하는 뷰 계층 구조를 나타낸다). Text() 컴포저블은 마지막으로 스캔한 결과물을 보여준다.

factory 블록은 구성될 뷰를 얻고자 정확히 한 번만 호출된다. 블록문은 항상 UI 스레드에서 호출될 것이므로, 필요에 따라 뷰 프로퍼티를 설정할 수 있다. 다만 예제에서는 모든 초기화 동작이 onCreate()에서 완료되기 때문에 이 동작이 필요한 것은 아니다. 카메라와 미리 보기를 준비하는 동작은 일정 시간을 소비하기 때문에 바코드 스캐너 환경설정은 컴포저블 안에서 완료할 수 없다. 또한 컴포넌트 트리 일부는 액티비티에서 접근하기 때문에 어쨌든 자식(barcodeView)을 참조하는 객체가 필요하다.

이번 절에서는 AndroidView()를 사용해 컴포즈 앱에 뷰 계층 구조를 포함하는 방법을 보여줬다. 이 컴포저블 함수는 젯팩 컴포즈 상호 호환 API에서 가장 중요한 부분 중 하나라고 할 수 있다. 컴포넌트 트리를 인플레이트하고자 layoutInflater.inflate()를 사용했으며 자식 컴포넌트에 접근하고자 findViewById()를 사용했다. 최신의 뷰 기반 앱에서는 findViewById() 사용을 피하는 대신 뷰 바인딩을 사용하려고 하는 편이다. 다음 절에서는 뷰 바인딩과 컴포저블 함수를 조합하는 방법을 살펴본다.

AndroidViewBinding()으로 뷰 계층 구조 인플레이팅

전통적으로 액티비티는 다른 함수에서 컴포넌트가 변경돼야 하는 경우를 위해 `lateinit` 프로퍼티에 해당 뷰의 참조를 저장한다. 2장의 '레이아웃 파일 인플레이팅' 절에서는 이러한 접근 방식에 대한 문제점을 이야기했고 이에 대한 해결책으로 뷰 바인딩을 소개했다. 많은 앱에서 이러한 방식을 적용했기 때문에 기존 앱을 젯팩 컴포즈로 전환하고자 한다면 뷰 바인딩과 컴포저블 함수를 조합해야 할 것이다. 이번 절에서는 이러한 문제를 어떻게 해결하는지 설명한다.

다음 그림은 `InteropDemo` 샘플을 보여준다.

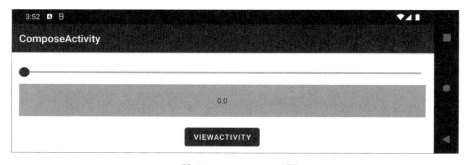

그림 9.2: `InteropDemo` 샘플

`InteropDemo` 샘플은 두 개의 액티비티로 이뤄진다. 첫 번째(ViewActivity)에서는 뷰 계층 구조에 컴포저블 함수를 통합했다. 이는 '뷰 계층 구조에 컴포저블 임베디드' 절에서 알아본다. 두 번째인 `ComposeActivity`는 첫 번째와는 반대로 돼 있다. 여기 서는 뷰 바인딩을 사용해 뷰 계층 구조를 인플레이트한 다음 `Column()` 컴포저블 내부에서 컴포넌트 트리를 나타낸다. 다음 코드를 살펴보자.

```
class ComposeActivity : ComponentActivity() {
    override fun onCreate(savedInstanceState: Bundle?) {
        super.onCreate(savedInstanceState)
        val viewModel: MyViewModel by viewModels()
```

```
      ...
      setContent {
        ViewIntegrationDemo(viewModel) {
          val i = Intent(
            this,
            ViewActivity::class.java
          )
          i.putExtra(KEY, viewModel.sliderValue.value)
          startActivity(i)
        }
      }
    }
  }
```

최상위 컴포저블 이름은 `ViewIntegrationDemo()`다. 이 컴포저블은 `ViewModel`과 람다 표현식을 인자로 전달받는다. `ViewModel`은 컴포즈와 뷰 계층 구조 사이에 데이터를 공유하는 데 사용되며, 이와 관련해서는 '뷰와 컴포저블 함수 간 데이터 공유' 절에서 알아본다. 람다 표현식은 `ViewActivity`를 시작하고 `ViewModel`의 값(`sliderValue`)을 전달한다. 코드는 다음과 같이 나타낼 수 있다.

```
@Composable
fun ViewIntegrationDemo(viewModel: MyViewModel, onClick: () -> Unit) {
  val sliderValueState = viewModel.sliderValue.observeAsState()
  Scaffold( ... ) {
    Column( ... ) {
      Slider( ... )
      AndroidViewBinding(
        modifier = Modifier.fillMaxWidth(),
        factory = CustomBinding::inflate
      ) {
        // Here Views will be updated
      }
```

```
        }
      }
   }
```

Scaffold()는 중요한 통합 컴포저블 함수다. 이 함수는 컴포즈 화면을 구성한다. 함수는 상단과 하단바 외에도 몇 가지 콘텐츠를 갖는데, 위 경우에는 Slider()와 AndroidViewBinding()을 포함하는 Column()을 갖는다. 슬라이더는 ViewModel에서 현재 값을 얻으며 변경 사항을 다시 ViewModel로 전파한다. 이는 'ViewModel 다시 보기' 절에서 좀 더 자세히 살펴본다.

AndroidViewBinding()은 AndroidView()와 유사하다. factory 블록은 구성될 뷰 계층 구조를 생성한다. CustomBinding()::inflate는 custom.XML 파일에서 CustomBinding으로 표현되는 레이아웃을 인플레이트한 다음 CustomBinding 타입의 인스턴스를 반환한다. 이 클래스는 빌드 중에 생성 및 갱신된다. 클래스에서는 custom.xml이라는 이름을 갖는 레이아웃 파일의 콘텐츠가 반영된 상수를 제공한다. 이를 요약한 버전은 다음과 같다.

```xml
<?xml version="1.0" encoding="utf-8"?>
<androidx.constraintlayout.widget.ConstraintLayout
   xmlns:android="http://schemas.android.com/apk/res/android"
   xmlns:app="http://schemas.android.com/apk/res-auto"
   android:layout_width="match_parent"
   android:layout_height="match_parent">

   <com.google.android.material.textview.MaterialTextView
      android:id="@+id/textView"
   ... />

   <com.google.android.material.button.MaterialButton
      android:id="@+id/button"
      ...
```

```
    android:text="@string/view_activity"
    ...
    app:layout_constraintTop_toBottomOf="@id/textView" />

</androidx.constraintlayout.widget.ConstraintLayout>
```

ConstraintLayout은 MaterialTextView와 MaterialButton 이렇게 두 개의 자식 컴포넌트를 갖는다. 버튼을 클릭하면 ViewIntegrationDemo()로 전달한 람다 표현식을 실행한다. 텍스트 필드는 현재 슬라이더 값을 전달받는다. 이러한 동작은 update 블록에서 이뤄진다. 다음에 있는 코드는 ViewIntegrationDemo()에서 // 여기 있는 뷰는 업데이트될 것이다. 주석 밑에 포함된다.

```
textView.text = sliderValueState.value.toString()
button.setOnClickListener {
    onClick()
}
```

textView와 button이 어디에 정의돼 있는지, 어떻게 바로 접근할 수 있는지 궁금할 것이다. update 블록은 레이아웃이 인플레이트된 후 바로 호출된다. update는 inflate에 의해 반환된 인스턴스 타입의 확장 함수며 예제에서는 CustomBiding이 여기에 해당한다. custom.xml에 있는 버튼과 텍스트 필드의 **식별자**[ID, identifiers]가 button과 textView이기 때문에 **CustomBinding**에 그에 상응하는 변수가 존재하게 된다.

또한 update 블록은 사용 중인 값(sliderValueState.value)이 변경될 때도 호출된다. 다음 절에서 언제 어디서 이러한 변화가 촉발되는지 살펴본다.

⠿ 뷰와 컴포저블 함수 간 데이터 공유

상태는 시간이 지남에 따라 변경될 수 있는 데이터다. 재구성은 컴포저블 변경에 상태가 사용되는 경우에 발생한다. 이전 방식의 뷰 세계에서 위와 유사한 방식으로 처리하려면 변경 사항을 관찰할 수 있게 데이터를 저장해야만 한다. 옵저버블 패턴 은 여러 가지 구현 방식이 있다. 안드로이드 아키텍처 컴포넌트(그리고 후속 버전인 젯팩)에 는 LiveData와 MutableLiveData가 포함돼 있다. 두 가지 모두 액티비티 외부에 상태를 저장하고자 ViewModel 내부에서 자주 사용된다.

ViewModel 다시 보기

ViewModel은 5장의 '환경설정 변경에도 데이터 유지' 절과 7장의 '상태 유지와 검색' 절에서 소개했다. ViewModel을 사용해 뷰와 컴포저블 함수 간 데이터를 어떻게 동 기화하는지 알아보기 전에 주요 기술을 짧게 되짚어보자.

- ViewModel 인스턴스를 생성하거나 얻으려면 androidx.activity 패키지에 포 함된 최상위 viewModels() 함수를 사용해야 한다.

- LiveData를 컴포즈의 상태로 관찰하려면 컴포저블 함수 내부의 ViewModel 프 로퍼티에서 observeAsState() 확장 함수를 호출해야 한다.

- 컴포저블 함수 바깥에서 LiveData 인스턴스를 관찰하려면 observe()를 호출 해야 한다. 이 함수는 androidx.lifecycle.LiveData에 포함돼 있다.

- ViewModel 프로퍼티를 변경하려면 변경하고자 하는 프로퍼티의 세터를 호출 한다.

이제 **ViewModel**과 관련된 주요 기술에 다시 친숙해졌으니 뷰와 컴포저블 함수 간 동기화가 어떻게 동작하는지 살펴보자. 동기화란 컴포저블 함수 및 뷰와 관련된 코드가 동일한 **ViewModel** 프로퍼티를 관찰하고 해당 프로퍼티의 변경 사항을 촉발한다는 것을 의미한다. 일반적으로 변경 사항을 촉발하는 행위는 세터 함수를 호출함으로써 발생한다. **Slider()** 컴포저블의 경우에는 다음과 같은 형태가 될 것이다.

```
Slider(
    modifier = Modifier.fillMaxWidth(),
    onValueChange = {
        viewModel.setSliderValue(it)
    },
    value = sliderValueState.value ?: 0F
)
```

또한 이 예제에서는 컴포저블 내부에서 판독하는 모습을 보여준다(sliderValueState.value). **sliderValueState**가 정의된 형태는 다음과 같다.

```
val sliderValueState = viewModel.sliderValue.observeAsState()
```

다음으로 뷰 바인딩을 사용하는 예전 코드(컴포즈가 아닌 코드)를 살펴보자. 다음 예제는 **InteropDeom** 샘플에 포함된 **ViewActivity**의 일부다.

뷰 바인딩과 ViewModel 조합

일반적으로 뷰 바인딩을 사용하는 액티비티에는 다음 코드에서처럼 binding이라는 이름의 lateinit 프로퍼티를 갖는다.

```
binding = LayoutBinding.inflate(layoutInflater)
```

LayoutBinding.inflate()는 컴포넌트 트리의 루트를 나타내는 LayoutBinding. root의 인스턴스를 반환한다. 그리고 이 인스턴스는 setContentView()로 전달된다. 관련 레이아웃 파일(layout.xml)의 요약된 버전은 다음과 같다.

```
<?xml version="1.0" encoding="utf-8"?>
<androidx.constraintlayout.widget.ConstraintLayout
    xmlns:android="http://schemas.android.com/apk/res/android"
    ...
    android:layout_width="match_parent"
    android:layout_height="match_parent">

    <com.google.android.material.slider.Slider
        android:id="@+id/slider"
    ... />

    <androidx.compose.ui.platform.ComposeView
        android:id="@+id/compose_view"
        ...
        app:layout_constraintTop_toBottomOf="@id/slider" />

</androidx.constraintlayout.widget.ConstraintLayout>
```

ConstraintLayout은 com.google.android.material.slider.Slider와 ComposeView (ComposeView는 다음 절에서 자세히 설명한다)를 포함한다. 슬라이더의 ID는 slider이기 때문에 LayoutBinding에는 동일한 이름의 변수가 포함된다. 따라서 다음과 같이 슬라이더를 ViewModel에 연결할 수 있다.

```
viewModel.sliderValue.observe(this) {
    binding.slider.value = it
}
```

observe()로 전달된 블록문은 sliderValue에 저장된 값이 변경되면 호출된다. binding.slider.value를 갱신함으로써 슬라이더 핸들의 위치가 변경되며, 이는 슬라이더가 갱신됐다는 것을 의미한다. 관련 코드는 다음과 같다.

```
binding.slider.addOnChangeListener { _, value, _ ->
    viewModel.setSliderValue(value) }
```

addOnChangeListener()로 전달된 블록문은 사용자가 슬라이더 핸들을 드래그하면 호출된다. setSliderValue()를 호출함으로써 ViewModel을 갱신하고 이는 결국 컴포저블 함수와 같은 관찰자에서 갱신을 촉발한다.

이번 절에서는 컴포저블 함수와 전통적인 뷰를 ViewModel 프로퍼티로 묶는 데 필요한 단계를 알아봤다. 프로퍼티가 변경되면 모든 관찰자가 호출돼 컴포저블과 뷰 모두가 갱신하게 된다. 다음 절에서는 계속해서 InteropDemo 샘플을 살펴본다. 이번에는 뷰 계층 구조에 컴포저블을 임베디드하는 방법을 보여준다. 이는 기존 앱을 젯팩 컴포즈로 차례차례 마이그레이션하는 경우 이러한 내용을 아는 것이 중요하다.

⠿ 뷰 계층 구조에 컴포저블 임베디드

앞에서 살펴본 것처럼 AndroidView()와 AndroidViewBinding()을 사용하면 쉽고 간단하게 뷰를 컴포저블에 통합시킬 수 있다. 그런데 반대 상황은 어떨까? 때로는 기존 앱을 처음부터 다시 작성하지 않는 대신 뷰 계층 구조를 컴포저블 함수로 차례

차례 변경하면서 젯팩 컴포즈로 점진적으로 마이그레이션하고 싶을 수도 있다. 액티비티의 복잡도에 따라 UI 일부를 나타내는 작은 컴포저블로 시작해서 이 컴포저블을 나머지 레이아웃에 통합하는 것이 합리적일지도 모른다.

androidx.compose.ui.platform.ComposeView는 클래식 레이아웃에서 컴포저블을 사용할 수 있게 만들어준다. 이 클래스는 AbstractComposeView를 확장하며, 이 뷰는 부모 뷰로 ViewGroup을 갖는다. ComposeView를 포함하는 레이아웃이 인플레이트 하고 나면 다음과 같이 환경설정할 수 있다.

```
binding.composeView.run {
  setViewCompositionStrategy(
      ViewCompositionStrategy.DisposeOnDetachedFromWindow)
  setContent {
    val sliderValue = viewModel.sliderValue.observeAsState()
    sliderValue.value?.let {
      ComposeDemo(it) {
        val I = Intent(
          context,
          ComposeActivity::class.java
        )
        i.putExtra(KEY, it)
        startActivity(i)
      }
    }
  }
}
```

setContent()는 이 뷰의 콘텐츠를 설정한다. 초기 구성은 뷰가 윈도우에 추가되거나 createComposition()이 호출될 때 발생할 것이다. setContent()는 ComposeView에 정의돼 있는 반면 createComposition()은 AbstractComposeView에 포함돼 있다. 이 함수는 해당 뷰를 위한 구성을 처음으로 수행한다. 일반적으로 이 함수를 직접 호출할 필요는 없다.

setViewCompositionStrategy()는 뷰 내부 구성 처리를 관리하는 방법을 구성한다. ViewCompositionStrategy.DisposeOnDetachedFromWindow(기본값)는 뷰가 윈도우에서 분리될 때마다 구성이 처리된다는 것을 의미한다. 이와 같은 동작은 예제처럼 간단한 시나리오의 경우에 선호된다. 뷰가 프래그먼트나 LifecycleOwner와 같은 컴포넌트 내부에서 보인다면 위 값 대신 DisposeOnViewTreeLifecycleDestroyed나 DisposeOnLifecycleDestroyed를 사용해야 한다. 다만 이러한 주제는 이 책의 범위를 벗어난다. 다음 코드에서는 ViewModel의 sliderValue 프로퍼티를 기반으로 하는 상태를 생성하며, 이 값은 ComposeDemo()로 전달된다.

```
val sliderValue = viewModel.sliderValue.observeAsState()
```

또한 ComposeDemo 컴포저블은 다음 코드에서와 같이 ComposeActivity를 실행하는 블록문을 전달받으며 현재 슬라이더 값도 ComposeDemo에 전달한다.

```
@Composable
fun ComposeDemo(value: Float, onClick: () -> Unit) {
  Column(
    modifier = Modifier
      .fillMaxSize(),
    horizontalAlignment = Alignment.CenterHorizontally
  ) {
    Box(
      modifier = Modifier
        .fillMaxWidth()
        .background(MaterialTheme.colors.secondary)
        .height(64.dp),
      contentAlignment = Alignment.Center
    ) {
```

```
        Text(
            text = value.toString()
        )
    }
    Button(
        onClick = onClick,
        modifier = Modifier.padding(top = 16.dp)
    ) {
        Text(text = stringResource(id = R.string.compose_activity))
    }
  }
}
```

다음 스크린샷에서 확인할 수 있듯이 ComposeDemo()는 ViewActivity와 비슷해보
이고자 Box()(내부에 Text()를 포함한다)와 Button()을 Column() 안에 위치시켰다. 특정 높
이를 갖는 영역 내부에서 수직 중앙에 텍스트를 위치시키려면 Text()를 Box()로
감싸야 한다. 버튼을 클릭하면 onClick 람다 표현식이 실행되며, Text()는 그저
value 매개변수를 출력하는 역할을 수행한다.

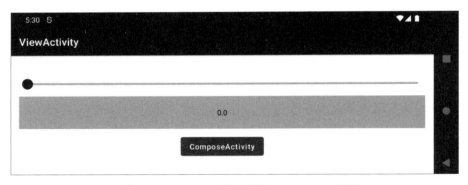

그림 9.3: ViewActivity를 노출하는 InteropDemo 샘플

9장을 마무리하기 전에 레이아웃에 컴포즈 계층 구조를 포함하려면 알아야 하는
주요 단계를 다음과 같이 요약해보자.

- 레이아웃에 android.compse.ui.platform.CompseView를 추가한다.

- 레이아웃이 출력되는 위치(Activity나 fragment 등)에 따라 ViewCompositionStrategy 를 결정한다.

- setContent { }를 사용해 콘텐츠를 설정한다.

- viewModels()를 호출해 ViewModel 참조를 얻는다.

- 관련 뷰에 리스너를 등록하고 변경할 때 ViewModel을 갱신한다.

- 컴포저블 함수에서는 필요에 따라 ViewModel 프로퍼티에서 observeAsState() 를 호출해 상태를 생성한다.

- 컴포저블 내부에서는 상황에 맞는 세터를 호출해 ViewModel을 갱신한다.

젯팩 컴포즈 상호 운용 API는 컴포저블 함수와 View 계층 구조 사이에 매끄러운 양방향 통합을 가능케 한다. API는 뷰 기반 라이브러리를 사용하게 도와주며 점진 적이고 매끄러운 마이그레이션을 가능케 해줌으로써 컴포즈로의 전환을 용이하게 해준다.

요약

9장에서는 컴포저블 함수와 기존 뷰를 혼합하는 젯팩 컴포즈의 상호 운용 API를 살펴 봤다. 처음에는 AndroidView()를 사용해 서드파티 라이브러리의 기존 뷰 계층 구조를 컴포즈 앱에 포함해봤다. 최근 앱들은 findViewById()를 직접 사용하기보다는 뷰 바 인딩을 선호하기 때문에 예제에서도 뷰 바인딩과 AndroidViewBinding()을 사용해 컴포저블에 레이아웃을 임베디드하는 방법을 보여줬다. 컴포즈 UI에 뷰를 임베디드 하고 나면 두 세계 사이에 데이터를 공유해야 한다. '뷰와 컴포저블 함수 간 데이터 공유' 절에서는 ViewModel을 사용해 이를 구현하는 방법을 설명했다. 마지막으로

'뷰 계층 구조에 컴포저블 임베디드' 절에서는 `ComposeView`를 사용해 기존 앱에 컴포즈 UI를 포함하는 방법을 알아봤다.

10장에서는 컴포즈 앱의 테스트에 중점을 두고 `ComposeTestRule`과 `Android ComposeTestRule`을 사용하는 방법을 알아본다. 또한 시맨틱 트리^{semantics tree}도 소개한다.

10

컴포즈 앱 테스트와 디버깅

프로그래밍은 매우 창의적인 과정이다. 젯팩 컴포즈를 사용해 수려한 애니메이션을 포함하는 멋진 **사용자 인터페이스**UI, User Interfaces를 구현하는 것은 매우 재미있는 일이다. 그러나 뛰어난 앱을 만든다는 것은 단순히 코드를 작성하는 것 이상을 요구한다. 앱을 아무리 신중히 디자인하고 구현하더라도 중요한 프로그램에서는 버그와 결함이 불가피하기 때문에 테스팅과 디버깅은 똑같이 중요하다고 할 수 있다. 그러나 코드가 예상대로 동작하는지를 확인하는 데 사용할 수 있는 강력한 도구들이 있으므로 걱정할 필요는 없다.

10장에서는 이러한 도구들을 소개한다. 10장에서 다루는 내용은 다음과 같다.

- 환경설정과 테스트 작성

- 시맨틱 이해

- 컴포즈 앱 디버깅

첫 번째 절에서는 테스트와 관련된 주요 용어와 기술을 안내한다. 테스트 환경을 구축하고 간단한 유닛 테스트를 작성한 다음 `createComposeRule()`과 `create AndroidComposeRule()` 같은 컴포즈에 특화된 기능으로 넘어간다.

'시맨틱 이해' 절은 이러한 기초를 기반으로 한다. 여기서는 테스트에서 컴포저블 함수가 어떻게 선택되고 검색되는지, 앱을 접근성 있게 만드는 것이 더 나은 테스트 코드를 작성하는 데 어떠한 도움을 주는지 살펴본다. 또한 액션[actions]과 단언문[assertions]도 살펴본다.

테스트 실패는 그 실패가 의도적이지 않은 한 종종 버그가 있음을 암시한다. 테스트로 확인한 코드에 버그가 있다고 의심된다면 디버깅이 필요하다. 마지막인 '컴포즈 앱 디버깅' 절에서는 컴포즈 코드를 검사하는 방법을 설명한다. 이 절에서는 '시맨틱 이해' 절에서 이야기했던 시맨틱 트리를 다시 한 번 살펴본다. 그리고 `InspectorInfo`와 `InspectorValueInfo`를 활용하는 방법을 보여준다.

기술 요구 사항

10장은 `TestingAndDebuggingDemo` 샘플을 기반으로 한다. 안드로이드 스튜디오를 설치하고 설정하는 방법뿐만 아니라 책에 동반된 리포지터리를 다운로드하는 방법은 1장의 '기술 요구 사항' 절을 참고하기 바란다.

10장의 모든 코드 파일은 깃허브 https://github.com/PacktPublishing/Android-UI-Development-with-Jetpack-Compose/tree/main/chapter_10에서 확인할 수 있다.

⠿ 환경설정과 테스트 작성

여러분은 소프트웨어 개발자로서 코드를 작성하는 것을 좋아할 것이다. 앱에 기능이 추가되는 것을 지켜보는 것은 아마 테스트를 작성하거나 버그를 찾는 일보다 더욱 보람 있는 일일지도 모른다. 그럼에도 테스트와 디버깅은 꼭 필요하다. 중요한 프로그램들이 모두 그래왔듯 결국에는 여러분의 앱도 버그가 발생할 것이다. 개발자로서의 삶을 더욱 윤택하게 만들려면 스스로 테스트 코드를 작성하고 자신의 코드나 다른 사람의 코드를 디버깅하는 데 익숙해야만 한다. 앱 테스트는 다음 서술한 것처럼 서로 다른 타입의 테스트에 상응하는 여러 측면이 있다.

- **유닛 테스트:** 여러분은 비즈니스 로직이 예상대로 동작함을 확인해야만 한다. 즉, 공식이나 계산은 항상 올바른 결괏값을 생성한다는 것을 의미한다.

- **통합 테스트:** 앱의 모든 구성 요소가 적절히 통합돼 있는가? 이는 앱이 하는 일에 따라 원격 서비스에 접근하거나 데이터베이스와의 연동 또는 디바이스에 파일을 읽고 쓰는 동작을 포함할 수도 있다.

- **UI 테스트:** UI가 정확하게 구현됐는가? 지원하는 모든 화면 크기에 대해 모든 UI 요소가 잘 나타나는가? 항상 적절한 값을 보여주는가? 버튼을 클릭하거나 슬라이더를 이동하는 등의 상호작용이 의도된 함수를 호출시키는가? 그리고 매우 중요한 내용인 앱의 모든 영역이 접근성을 갖는가?

테스트 개수는 타입에 따라 다르다. 이성적으로는 대부분의 테스트가 유닛 테스트가 되고 뒤를 이어 통합 테스트가 돼야 한다는 주장이 오랫동안 제기돼왔다. 이는 유닛 테스트가 기반이 되고 UI 테스트가 꼭짓점을 이루는 **테스트 피라미드**^{test pyramid}로 인식이 이어진다. 모든 비유가 그렇듯 테스트 피라미드도 지지와 질타를 동시에 받아왔다. 이에 대한 자세한 내용과 일반적인 테스트 전략은 10장의 마지막에 있는 '더 읽을거리' 절을 참고하기 바란다. 젯팩 컴포즈 테스트는 UI 테스트다. 따라서 상응하는 여러 테스트 케이스를 작성할 수도 있겠지만 유닛 테스트를 사용한 근본적인 비즈니스 로직을 테스트하는 것이 훨씬 더 중요할지도 모른다.

신뢰할 수 있고 이해하기 쉬우며 재현할 수 있는 테스트를 만들려고 자동화가 사용된다. 다음 절에서는 JUnit4 테스트 프레임워크를 사용해 유닛 테스트를 작성하는 방법을 보여준다.

유닛 테스트 구현

유닛은 작고 고립된 코드 조각으로, 프로그래밍 언어에 따라 일반적으로 함수, 메서드, 서브루틴, 프로퍼티가 이에 해당한다. 이번에는 다음과 같은 간단한 코틀린 함수를 살펴보자.

```kotlin
fun isEven(num: Int): Boolean {
    val div2 = num / 2
    return (div2 * 2) == num
}
```

isEven()은 전달된 Int 값이 짝수인지를 확인한다. 짝수라면 함수는 true를 반환한다. 반대의 경우에는 false를 반환한다. 알고리듬은 짝수 Int 값만이 나머지 없이 2로 나눌 수 있다는 사실에 기반을 둔다. 이 함수를 자주 사용한다고 가정하면 분명 결괏값이 항상 옳은지를 확인하고 싶을 것이다. 그런데 확인하려면 어떻게 해야 할까?(어떻게 테스트해야 할까?) isEven()을 철저히 확인하려면 Int.MIN_VALUE부터 Int.MAX_VALUE에 이르기까지 가능성 있는 모든 입력값을 확인해야만 한다. 이는 빠른 컴퓨터라 할지라도 시간이 걸리는 작업이다. 좋은 유닛 테스트를 작성하는 방법의 하나는 모든 중요한 구간과 트랜지션을 확인하는 것이다. isEven()의 경우에는 다음과 같은 경우가 있을 것이다.

- Int.MIN_VALUE와 Int.MAX_VALUE

- 음수 형태의 짝수와 홀수 Int 값

- 양수 형태의 짝수와 홀수 Int 값

유닛 테스트를 작성하고 실행하려면 모듈 단계의 build.gradle 프로퍼티 파일에 다음의 의존성을 추가해야 한다.

```
androidTestImplementation "androidx.test.ext:junit:1.1.4"
androidTestImplementation
"androidx.compose.ui:ui-test-junit4:$compose_version"
debugImplementation "androidx.compose.ui:ui-test-manifest:$compose_version"
testImplementation 'junit:junit:4.13.2'
androidTestImplementation "androidx.test.espresso:espresso-core:3.50"
```

앱 프로젝트에 어떠한 타입의 테스트를 추가할 것이냐에 따라 앞에서 이야기한 의존성 중 일부는 선택 사항이 될 수도 있다. 예를 들어 androidx.test.espresso는 전통적인 형태의 뷰를 테스트하고자 하는 경우에만 필요하다(예를 들어 상호 운용 시나리오를 테스트하는 경우).

유닛 테스트는 개발하는 머신에서 실행된다. 테스트 클래스는 app/src/test/java 디렉터리에 있으며, 다음 스크린샷처럼 **프로젝트**^Project 툴 윈도우를 통해 사용할 수 있다. SimpleUnitTest로 이름을 변경하면 안드로이드 스튜디오 프로젝트 어시스턴트는 그에 따라 프로젝트를 구성하고 테스트 클래스를 생성한다.

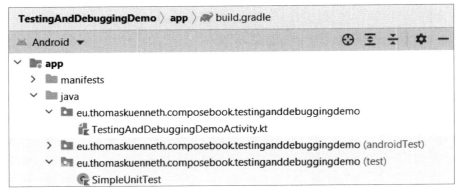

그림 10.1: 안드로이드 스튜디오 프로젝트 툴 윈도우에 있는 유닛 테스트

다음 코드에 있는 클래스를 살펴보자.

```
package eu.thomaskuenneth.composebook.testinganddebuggingdemo

import org.junit.*
import org.junit.Assert.assertEquals

class SimpleUnitTest {
  companion object {
    @BeforeClass
    @JvmStatic
    fun setupAll() {
      println("Setting things up")
    }
  }

  @Before
  fun setup() {
    println("Setup test")
  }

  @After
  fun teardown() {
    println("Clean up test")
  }
```

```
@Test
fun testListOfInts() {
    val nums = listOf(Int.MIN_VALUE, -3, -2, 2, 3, Int.MAX_VALUE)
    val results = listOf(true, false, true, true, false, false)
    nums.forEachIndexed { index, num ->
        val result = isEven(num)
        println("isEven($num) returns $result")
        assertEquals(result, results[index])
    }
}
```

테스트 클래스는 하나 이상의 테스트를 포함한다. 테스트(또는 테스트 케이스로도 불린다)는 @Test 어노테이션이 추가된 평범한 코틀린 함수다. 테스트는 잘 정의된 상황이나 조건 또는 기준이 포함돼 있는지를 확인한다. 테스트는 격리돼야 한다. 즉, 테스트는 이전 테스트에 의존해서는 안 된다. 예제에서는 여섯 가지 입력값에 대해 isEven()이 올바른 결괏값을 반환하는지 테스트한다. 이러한 확인은 단언문[assertions]에 기반을 둔다. 단언문은 예상되는 행위를 나타낸다. 단언문을 충족시키지 못한다면 테스트는 실패한다.

각각의 테스트 전후로 어떠한 동작을 수행해야 할 필요가 있다면 해당 기능들을 구현하고 거기에 @Before나 @After 어노테이션을 추가해 원하는 동작을 수행할 수 있다. @Rule을 사용해도 유사한 결과물을 얻을 수 있다. 이와 관련된 내용은 다음 절에서 살펴본다. 모든 테스트 전에 코드를 실행하는 경우에는 @BeforeClass와 @JvmStatic 어노테이션을 갖는 함수가 있는 동반 객체[companion object]를 구현해야만 한다. @AfterClass는 모든 테스트가 실행되고 난 뒤 정리하는 목적으로 사용할 때 유용하다.

프로젝트 툴 윈도우에서 테스트 클래스에 마우스 오른쪽 버튼을 클릭한 후 Run '...'을 선택하면 유닛 테스트를 실행할 수 있다. 테스트 클래스에 대한 실행 환경설정이 만들어지고 나면 메뉴 바와 툴바를 사용해 유닛 테스트를 실행할 수도 있다. 테스트 결과는 다음 그림에서 보이는 것처럼 실행^{Run} 툴 윈도우에 나타난다.

그림 10.2: 안드로이드 스튜디오 실행 툴 윈도우에 나타난 테스트 결과

모든 테스트가 통과됐다고 하더라도 isEven() 구현체는 여전히 완벽해 보이지 않을 수 있다. 테스트는 상한과 하한을 테스트하는 동안 음수와 양수 간에 전환되는 구간은 테스트하지 않은 채로 남겨뒀다. 다음에서처럼 이를 수정하고 또 다른 테스트를 추가해보자.

```
@Test
fun testIsEvenZero() {
    assertEquals(true, isEven(0))
}
```

다행히 이 테스트 역시 통과했다.

중요 사항

장치가 수신하는 매개변수와 생성하는 결과에 세심한 주의를 기울이자. 항상 경계와 전환을 테스트하라. 가능한 경우 모든 코드 경로를 포함하고 잘못된 인수(예, 0으로 나누기 또는 잘못된 숫자 형식)로 인한 예외와 같은 함정에 주의한다.

컴포저블 함수는 최상위 코틀린 함수이므로 유닛 테스트의 주된 대상이 됨을 기억하자. 이제 이러한 함수가 어떻게 동작하는지 살펴보자. 다음 절에서는 간단한 컴포즈 UI를 테스트하는 방법을 살펴본다.

컴포저블 함수 테스트

SimpleButtonDemo() 컴포저블(이 함수는 TestingAndDebuggingDemo 샘플에 포함돼 있다)은 가운데에 버튼이 위치하는 박스를 나타낸다. 버튼을 최초로 클릭하면 텍스트가 A에서 B로 변경된다. 뒤이어 버튼을 클릭하면 B와 A로 계속해서 전환된다. 관련 코드는 다음과 같다.

```
@Composable
fun SimpleButtonDemo() {
  val a = stringResource(id = R.string.a)
  val b = stringResource(id = R.string.b)
  var text by remember { mutableStateOf(a) }
  Box(
    modifier = Modifier.fillMaxSize(),
    contentAlignment = Alignment.Center
  ) {
    Button(onClick = {
      text = if (text == a) b else a
    }) {
      Text(text = text)
    }
  }
}
```

텍스트는 변경할 수 있는 문자열^{String} 상태로 저장된다. 이 값은 onClick 블록문 안에서 변경되며 Text() 컴포저블의 매개변수로 사용된다. SimpleButtonDemo()를 테스트하고자 한다면 다음과 같이 몇 가지 측면을 확인해봐야 한다.

- **UI의 초기 상태:** 버튼 텍스트의 초깃값이 A인가?

- **행위:** 첫 버튼을 클릭할 때 텍스트가 B로 변경되는가? 여기서 클릭할 경우 B에서 A로 변경되는가?

간단한 테스트 클래스의 형태는 다음과 같다.

```kotlin
@RunWith(AndroidJUnit4::class)
class SimpleInstrumentedTest {

    @get:Rule
    var name = TestName()

    @get:Rule
    val rule = createComposeRule()

    @Before
    fun setup() {
        rule.setContent {
            SimpleButtonDemo()
        }
    }

    @Test
    fun testInitialLetterIsA() {
        rule.onNodeWithText("A").assertExists()
    }
}
```

'유닛 테스트 구현' 절의 SimpleUnitTest 클래스와는 달리 위 소스코드는 app/src/androidTest/java 폴더 내부에 저장된다(일반적인 유닛 테스트를 위한 .../test/... 와는 다르다). SimpleInstrumentedTest는 계측 테스트[instrumented test]다. 일반적인 유닛 테스트와는 달리 이러한 테스트는 안드로이드에 특화된 기능을 실행해야 하므로 개발하는 머신에서 로컬로 실행하는 대신 안드로이드 에뮬레이터나 실제 기기에서 실행된다. 다음 그림에서 보다시피 계측 테스트는 **프로젝트** 툴 윈도우를 통해 사용할 수 있다.

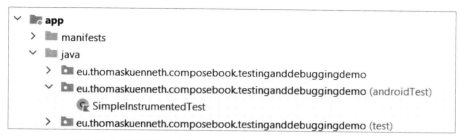

그림 10.3: 안드로이드 스튜디오 프로젝트 툴 윈도우에 있는 계측 테스트

프로젝트 툴 윈도우의 테스트 클래스에서 마우스 오른쪽 버튼을 클릭한 후 실행 '...' 을 선택하면 계측 테스트를 실행할 수 있다. 테스트 클래스에 대한 실행 환경설정이 만들어지고 나면 메뉴 바와 툴바를 사용해 유닛 테스트를 실행할 수도 있다. 테스트 결과는 다음 그림에서 보이는 것처럼 실행^{Run} 툴 윈도우에 나타난다.

그림 10.4: 안드로이드 스튜디오 실행 툴 윈도우에 나타난 계측 테스트 결과

JUnit의 규칙^{Rule}은 지정된 코드를 테스트 케이스와 동시에 실행할 수 있게 해준다. 어떤 면에서는 이 기능은 @Before와 @After 어노테이션을 갖는 테스트 클래스와 유사하다고 볼 수 있다. 여기에는 몇 가지 미리 정의된 규칙이 있는데, 예를 들어 **TestName** 규칙은 다음과 같이 테스트 메서드 내부에서 현재 테스트 이름을 제공할 수 있게 해준다.

```
@get:Rule
var name = TestName()
...
```

```
@Test
fun testPrintMethodName() {
    println(name.methodName)
}
```

testPrintMethodName() 함수가 실행되면 해당 메서드명을 출력한다. 이는 로그캣 Logcat에서 출력 결과를 확인할 수 있다. get:을 추가해 게터 프로퍼티에 @Rule 어노테이션을 적용해야 함을 명심하자. 이렇게 설정하지 않는 경우에는 실행 중에 ValidationError(The @Rule '...' muste be public) 메시지가 나타날 것이다.

컴포즈 테스트는 이러한 규칙에 기반을 둔다. createComposeRule()은 Compose ContentTestRule 인터페이스의 구현체를 반환한다. 이 인터페이스는 결국 org. junit.rules.TestRule을 확장한다. 각각의 TestRule 인스턴스는 apply()를 구현한다. 이 메서드는 Statement를 전달받고 동일하거나 변경된 또는 완전히 새로운 Statement를 반환한다. 자신만의 테스트 규칙을 작성하는 내용은 이 책의 범위를 벗어난다. 자세한 내용을 공부하려면 이 장의 마지막에 있는 '더 읽을거리' 절을 참고하기 바란다.

createComposeRule()이 반환하는 ComposeCOntentTestRule 인터페이스의 구현체는 플랫폼에 의존한다. 안드로이드에서는 AndroidComposeTestRule<ComponentActivity>가 된다. 이것이 모듈 단계의 build.gradle 파일에 androidx.compose.ui:ui-test-manifest 의존성을 추가해야 하는 이유다. 그렇지 않으면 매니페스트 파일에서 수동으로 ComponentActivity에 대한 참조를 추가해야만 한다.

createAndroidComposeRule()은 ComponentActivity 외에 액티비티 클래스용 AndroidComposeTestRule을 생성할 수 있게 해준다. 이 기능은 테스트에서 액티비티의 기능이 필요한 경우에 유용하다. 데스크탑이나 웹용 컴포즈에서 createComposeRule()은 컴포즈 UI가 호스팅되는 곳에 따라 서로 다른 ComposeContentTestRule 구현체를 반환한다. 플랫폼에 독립적인 테스트 코드를 작성하려면 가능하면 createComposeRule()을 사용한다.

여러분의 테스트 케이스는 ComposeContentRule 구현체에서 제공하는 메서드(특히)를 사용한다. 예를 들어 setContent()는 현재 화면의 콘텐츠로 동작하도록 컴포저블 함수를 설정하는데, 이는 곧 테스트돼야 할 UI를 의미한다. setContent()는 테스트마다 정확히 한 번만 호출돼야 한다. 이를 위해서는 @Before 어노테이션이 있는 메서드 내부에서 이를 호출해주기만 하면 된다.

중요 사항

플랫폼 간 테스트를 재사용하고자 한다면 ComposeContentTestRule과 TestRule 인터페이스에 정의된 메서드에만 의존하게 해야 한다. 구현체에서 제공하는 함수를 호출하는 행위는 피한다.

다음으로 testInitialLetterIsA()를 살펴보자. 이 테스트 케이스는 최초에 버튼 텍스트가 A인지 확인한다. 이를 위해 테스트는 텍스트를 얻고자 버튼을 찾아야만 하며 버튼의 텍스트와 "A"를 비교해야 한다. 이러한 비교 동작은 assertExists() 단언문으로 이뤄진다. onNodeWithText()는 파인더finder라 불린다. 파인더는 시맨틱 노드semantics nodes에서 동작하며, 이는 '시맨틱 이해' 절에서 좀 더 알아본다. 그전에 먼저 테스트하고자 컴포저블을 찾아야만 하는 이유는 무엇일까?

전통적인 뷰 시스템과는 달리 젯팩 컴포즈는 개별적인 UI 요소를 식별하는 데 참조를 사용하지 않는다. 이러한 참조는 런타임에서 컴포넌트 트리를 변경하고자 명령적 접근 방식에서 필요했음을 기억하자. 그러나 이러한 방식은 컴포즈가 동작하는 방식이 아니다. 대신 상태에 기반을 두고 UI가 어떻게 보여야 할지를 정의한다. 그러나 특정 컴포저블이 기대한 대로 나타나거나 동작하는지 테스트하려면 컴포즈 계층 구조의 모든 자식 사이에서 해당 컴포저블을 찾아내야 한다.

여기서 시맨틱 트리가 동작한다. 이름에서 알 수 있듯이 시맨틱은 UI 요소나 요소의 계층 구조에 의미를 부여한다. 시맨틱 트리는 UI 계층 구조와 동시에 생성되며 Rule, Text, Action과 같은 속성을 사용해 계층 구조를 설명한다. 이 기능은 접근성과 테스트에서 사용된다.

다음으로 넘어가기 전에 간략히 정리해보자. OnNodeWithText()는 주어진 텍스트를 사용해 컴포저블(더 정확하게는 시맨틱 노드)을 찾는다. assertExists()는 매칭되는 노드가 현재 UI에 있는지 확인한다. 있다면 테스트는 통과하고 반대의 경우에는 테스트가 실패한다.

시맨틱 이해

앞 절에서는 버튼의 텍스트가 주어진 문자열과 일치하는지 확인하는 간단한 테스트 케이스를 보여줬다. 또 다른 테스트 케이스를 살펴보자. 이번에는 버튼 텍스트가 기대한 대로 변경되는지를 확인하고자 버튼을 클릭하는 동작을 수행한다.

```
@Test
fun testLetterAfterButtonClickIsB() {
  rule.onNodeWithText("A")
    .performClick()
    .assert(hasText("B"))
}
```

여기서도 버튼을 찾는 것부터 시작한다. performClick()(이러한 동작을 액션[Action]이라고 부른다) 은 클릭 동작을 수행한다. Assert(hasText("B"))는 클릭 이후에 버튼 텍스트가 B인지를 확인한다. 단언문은 테스트가 성공 또는 실패했는지를 결정한다.

onNodeWithText()(SemanticsNodeInteractionsProvider의 확장 함수)는 SemanticsNodeInteraction 시맨틱 노드를 반환한다. SemanticsNodeInteractionsProvider 인터페이스는 테스트의 주요 진입점이며 일반적으로 테스트 규칙에 의해 구현된다. 이 인터페이스는 다음과 같이 두 개의 메서드를 정의한다.

- onNode()는 주어진 조건과 일치하는 시맨틱 노드(SemanticsNodeInteraction)를 찾아내고 반환한다.

- onAllNodes()는 주어진 조건과 일치하는 모든 시맨틱 노드를 찾아낸다. 이 메서드는 SemanticsNodeInteractionCollection 인스턴스를 반환한다.

두 메서드는 모두 파인더[finder]라 불리는데, 이들 메서드는 주어진 조건과 일치하는 시맨틱 노드를 반환(찾아내기)하기 때문이다.

시맨틱 노드로 작업

앞 절에서 testLetterAfterButtonClickIsB()로 테스트한 시멘틱 노드가 어떠한 모습인지 확인하려면 .assert(...) 뒤에 다음과 같은 표현식을 추가하면 된다.

.printToLog("SimpleInstrumentedTest")

다음 그림에서 보다시피 결과는 로그캣[Logcat]에서 확인할 수 있다.

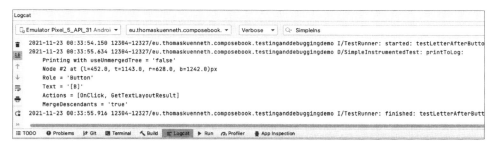

그림 10.5: 로그캣에 출력된 시맨틱 노드

SemanticsNodeInteraction은 시맨틱 노드를 나타낸다. performClick()과 같은 액션이나 assertHasClickAction()과 같은 단언문을 실행해 노드와 상호작용하거나 onChildren()과 같은 다른 노드로 이동할 수도 있다. 이러한 함수는 SemanticsNode

Interaction의 확장 함수다. 또한 SemanticsNodeInteractionCollection은 시맨틱 노드의 컬렉션이다.

이번엔 또 다른 파인더 함수인 onNodeWithContentDescription()을 살펴보자. 여기서는 이 함수를 사용해 Image()가 현재 UI의 일부인지 테스트한다. 코드는 다음과 같다.

```
@Composable
fun ImageDemo() {
  Image(
    painter = painterResource(id = R.drawable.ic_baseline_airport_shuttle_24),
    contentDescription = stringResource(id = R.string.airport_shuttle),
    contentScale = ContentScale.FillBounds,
    modifier = Modifier
      .size(width = 128.dp, height = 128.dp)
      .background(Color.Blue)
  )
}
```

앱의 UI가 이미지를 포함한다면 대부분의 경우 이미지를 위한 콘텐츠 디스크립션_{content description}을 추가해야만 한다. 예를 들어 콘텐츠 디스크립션은 시각 장애가 있는 사용자에게 현재 화면에 나타난 것을 설명하는 접근성 소프트웨어에서 사용된다. 따라서 이러한 기능을 추가하면 사용성을 크게 향상시킬 수 있다. 게다가 콘텐츠 디스크립션은 컴포저블을 찾는 데도 도움이 된다. 어떻게 사용되는지는 다음 코드에서 확인할 수 있다.

```
@RunWith(AndroidJUnit4::class)
class AnotherInstrumentedTest {

  @get:Rule
  val rule = createComposeRule()
```

```
    @Test
    fun testImage() {
      var contentDescription = ""
      rule.setContent {
        ImageDemo()
        contentDescription = stringResource(id = R.string.airport_shuttle)
      }
      rule.onNodeWithContentDescription(contentDescription)
        .assertWidthIsEqualTo(128.dp)
    }
  }
```

testImage()는 우선 콘텐츠(ImageDemo())를 설정한다. 그러고 난 후 주어진 콘텐츠 디스크립션에 해당하는 시맨틱 노드를 찾아낸다. 마지막으로 assertWidthIsEqualTo()는 이 노드가 나타내는 UI 요소의 너비가 128밀도 독립 픽셀만큼 넓은지를 확인한다.

팁

콘텐츠 디스크립션을 얻고자 stringResource()를 사용한 것을 확인했는가? 하드 코딩된 값은 테스트에서 찾기 어려운 버그를 만들어낼 수 있다(오탈자와 같은 버그). 이러한 문제를 피하려면 테스트하려는 코드에서 접근하는 값과 동일한 값에 접근하는 방식으로 테스트를 작성한다. 다만 stringResource()는 내부적으로 안드로이드 리소스에 의존하고 있다는 것을 명심하자. 이에 따라 테스트 케이스는 특정 플랫폼에 의존적으로 된다.

---

onNodeWithText()와 onNodeWithContentDescription()을 사용하면 텍스트와 이미지를 포함하는 컴포저블 함수를 손쉽게 찾아낼 수 있다. 그런데 이 밖의 것에 대한 시맨틱 노드를 찾아야 한다면 어떻게 해야 할까? 예를 들면 Box()와 같은 컴포저블을 찾아야 한다면? 다음 예제인 BoxButtonDemo()에서는 Button()이 가운데에 위치한 Box()를 보여준다. 버튼을 클릭하면 박스의 배경색이 흰색에서 연회색으로 토글된다.

```
val COLOR1 = Color.White
val COLOR2 = Color.LightGray

@Composable
fun BoxButtonDemo() {
  var color by remember { mutableStateOf(COLOR1) }
  Box(
    modifier = Modifier
      .fillMaxSize()
      .background(color = color),
    contentAlignment = Alignment.Center
  ) {
    Button(onClick = {
      color = if (color == COLOR1)
        COLOR2
      else
        COLOR1
    }) {
      Text(text = stringResource(id = R.string.toggle))
    }
  }
}
```

BoxButtonDemo()를 테스트한다는 것은 박스를 찾고 초기 배경색을 확인한 다음 버튼을 클릭하고 색상을 다시 한 번 확인한다는 것을 의미한다. 박스를 찾고자 다음 코드에서와 같이 testTag() 변경자를 사용해 박스를 태깅한다. 태그를 적용하면 테스트에서 변경된 요소를 찾는 데 도움이 된다.

```
val TAG1 = "BoxButtonDemo"

Box(
  modifier = ...
    .testTag(TAG1)
```

...

박스가 나타났는지는 다음 코드로 확인할 수 있다.

```
@Test
fun testBoxInitialBackgroundColorIsColor1() {
    rule.setContent {
        BoxButtonDemo()
    }
    rule.onNode(hasTestTag(TAG1)).assertExists()
}
```

onNode() 파인더는 hasTestTag() 매처^{matcher}를 전달받는다. 매처는 특정 기준을 준수하는 노드를 찾아낸다. hasTestTag()는 주어진 테스트 태그를 갖는 노드를 찾아낸다. 미리 정의된 매처가 몇 가지 있는데, 예를 들어 isEnabled()는 노드가 사용 가능한지를 반환하며 isToggleable()은 해당 노드가 토글이 가능하다면 true를 반환한다.

> **팁**
>
> 구글은 https://developer.android.com/jetpack/compose/testing-cheatsheet에서 테스트 요약본을 제공한다. 사이트에는 파인더와 매처, 액션, 단언문이 잘 그룹화돼 있다.

테스트 코드를 완료하려면 박스의 배경색을 확인해야만 한다. 하지만 어떻게 확인할 수 있을까? 앞선 예제에 따르면 hasBackgroundColor() 매처가 있을 것이라 기대할지도 모른다. 안타깝게도 현재 그런 매처는 없다. 테스트는 시맨틱 트리를 통해 사용할 수 있는 정보에만 의존할 수 있다. 대신 필요한 정보가 포함돼 있지 않다면 이를 손쉽게 추가할 수는 있다. 어떻게 추가하는지는 다음 절에서 보여준다.

커스텀 시맨틱 프로퍼티 추가

테스트에서 추가적인 정보를 노출하고 싶은 경우에는 커스텀 시맨틱 프로퍼티를 생성해 제공할 수 있다. 이때 필요한 요구 사항은 다음과 같다.

- SemanticsPropertyKey를 정의한다.

- SemanticsPropertyReciver를 사용해 사용할 수 있게 해준다.

다음 코드에서 쓰임새를 확인할 수 있다.

```
val BackgroundColorKey = SemanticsPropertyKey<Color>("BackgroundColor")
var SemanticsPropertyReceiver.backgroundColor by BackgroundColorKey

@Composable
fun BoxButtonDemo() {
  ...
  Box(
    modifier = ...
      .semantics { backgroundColor = color }
      .background(color = color),
      ...
```

SemanticsPropertyKey를 사용하면 시맨틱 블록 내부에서 타입 안정성을 보장받는 상태로 키-값 쌍을 설정할 수 있다. 각각의 키는 정적으로 정의된 값 타입을 한 가지 갖는다. 예제에서는 Color가 이에 해당한다. SemanticsPropertyReceiver는 semantics { } 블록에서 제공하는 영역이다. 이는 확장 함수를 통해 키-값 쌍을 설정하기 위함이다.

다음은 테스트 케이스에서 커스텀 시맨틱 프로퍼티에 접근하는 방법을 보여준다.

```
@Test
fun testBoxInitialBackgroundColorIsColor1() {
    rule.setContent {
        BoxButtonDemo()
    }
    rule.onNode(SemanticsMatcher.expectValue(
        BackgroundColorKey, COLOR1)).assertExists()
}
```

expectValue()는 주어진 키의 값이 기댓값과 동일한지를 검사한다.

시맨틱 트리에 커스텀 값을 추가하는 것은 테스트를 작성하는 데 있어 큰 도움이 될 수 있다. 그러나 진짜 SemanticsPropertyKey에 의존해야만 하는지를 신중히 고민하기 바란다. 또한 시맨틱 트리는 접근성 프레임워크와 툴에서도 사용되기 때문에 무의미한 정보로 시맨틱 트리를 어지럽히지 않는 것이 중요하다. 이에 대한 해결책은 테스트 전략을 다시 한 번 생각해보는 것이다. 박스의 초기 배경색이 흰색인가를 테스트하는 대신 background() 함수에 전달하는 값이 흰색을 나타내는지를 테스트할 수도 있다.

이것으로 컴포저블 함수를 테스트하는 것에 대한 내용을 마무리한다. 다음 절에서는 컴포즈 앱의 디버깅을 살펴본다.

⋮⋮ 컴포즈 앱 디버깅

이 절의 제목인 '컴포즈 앱 디버깅'은 전통적인 뷰 기반의 앱을 디버깅하는 것과는 큰 차이가 있다는 것을 시사할 수도 있지만 다행히 그렇지는 않다. 안드로이드에서는 모든 컴포저블 계층 구조가 androidx.compose.uio.platform.ComposeView 내부에 감싸져 있다. 이는 ComponentActivity의 setContent { } 확장 함수를 호출하거나 레이아웃에 컴포저블 계층 구조를 의도적으로 포함하는 경우에 간접적으로 발생한다(9장 참고). 어떠한 방식이든 결국에는 `ComposeView`가 화면에 나타나는데, 예를 들면 액티비티나 프래그먼트 내부에 있는 형태로 나타나게 된다. 따라서 안드로이드 앱의 기본 구성 요소(액티비티, 프래그먼트, 서비스, 브로드캐스트 리시버, 인텐트, 콘텐츠 프로바이더)에 대한 모든 측면은 동일하게 유지된다.

물론 UI 프레임워크는 특정 디버깅 관습을 권장하기도 한다. 예를 들어 뷰 시스템에서는 널 참조임을 살펴볼 필요가 있다. 또한 상태 변경이 컴포넌트 트리의 업데이트를 확실히 트리거하는지도 확인해야만 한다. 다행히 이들 모두 젯팩 컴포즈와는 무관하다. 컴포저블은 코틀린 함수이기 때문에 코드를 단계별로 실행하고 필요에 따라 `State`를 확인해 컴포저블 계층 구조의 생성을 따라갈 수 있다.

다음 그림에서와 같이 런타임에서 컴포저블 함수의 시각적 표현을 자세히 알아보려면 안드로이드 스튜디오의 레이아웃 인스펙터^{Layout Inspector}를 사용할 수도 있다. 에뮬레이터나 실제 기기에 앱을 배포하고 난 다음 도구 메뉴에서 레이아웃 인스펙터 도구를 연다.

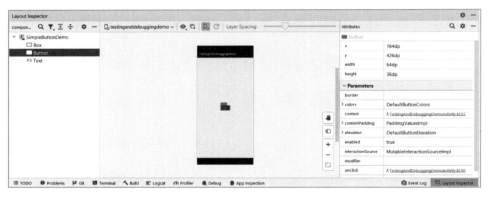

그림 10.6: 안드로이드 스튜디오에 있는 레이아웃 인스펙터

안드로이드 스튜디오 메인 창의 왼쪽에 있는 트리를 사용해 검사하고자 하는 컴포저블을 선택할 수 있다. 중요한 속성은 오른쪽에 나타난다. 도구 창의 중앙에는 설정할 수 있고 확대가 가능한 미리 보기가 포함돼 있다. 또한 3차원^{3D} 모드도 활성

화할 수 있다. 이 기능은 클릭이나 드래그해 레이아웃을 회전시켜 시각적으로 계층 구조를 검사할 수 있게 해준다.

디버깅 목적으로 컴포저블에서 중요한 값을 로깅하고자 할 경우에는 변경자를 사용 하면 손쉽게 이를 처리할 수 있다. 다음 절에서는 이를 다루는 방법을 보여준다.

로깅과 디버깅을 위해 커스텀 변경자 사용

3장의 '컴포저블 함수의 행위 수정' 절에서 설명했듯이 변경자는 순서가 있고 변경 불가능한 변경자 요소의 컬렉션이다. 변경자는 컴포즈 UI 요소의 모습과 행위를 변경할 수 있다. Modifier의 확장 함수를 구현하면 커스텀 변경자를 생성할 수 있 다. 다음 코드에서는 컴포저블의 크기를 출력하고자 DrawScope 인터페이스를 사용 한다.

```
fun Modifier.simpleDebug() = then(object : DrawModifier {
  override fun ContentDrawScope.draw() {
    println("width=${size.width}, height=${size.height}")
    drawContent()
  }
})
```

어떠한 인터페이스를 선택하느냐에 따라 다른 측면을 로깅할 수 있다. 예를 들어 LayoutModifier를 사용하면 레이아웃과 관련된 정보에 접근할 수 있다.

중요 사항

이러한 방식은 영리한 트릭일 수는 있지만 변경자의 주된 사용 사례는 아니다. 따라서 디버깅을 목적으로만 커스텀 변경자를 구현하는 것이라면 디버깅을 할 때에만 변경자 체이닝에 추가해야 한다.

디버깅을 목적으로 추가적인 정보를 제공하기 위한 내장된 기능도 있다. 일부 변경자는 inspectorInfo 매개변수를 받을 수 있으며, 이 매개변수는 InspectorInfo의 확장 함수다. InspectorInfo 클래스는 InspectableValue 인터페이스를 위한 빌더다(이 인터페이스는 도구로 검사할 수 있는 값을 정의하며 값의 비공개 영역에 대한 접근을 제공한다). 다음과 같이 InspectorInfo에는 세 개의 프로퍼티가 있다.

- name(InspectableValue의 nameFallback을 제공)

- value(InspectableValue의 valueOverride를 제공)

- properties(InspectableValue를 위한 inspectableElements를 제공)

inspectorInfo가 어떻게 사용되는지 이해하고자 다음 그림에서 테스트와 접근성을 위해 시맨틱 키-값 쌍을 추가하는 semantics { } 변경자의 구현체 부분을 살펴보자. 자세한 내용은 '커스텀 시맨틱 프로퍼티 추가' 절을 참고한다.

```
107    fun Modifier.semantics(
108        mergeDescendants: Boolean = false,
109        properties: (SemanticsPropertyReceiver.() → Unit)
110    ): Modifier = composed(
111        inspectorInfo = debugInspectorInfo {    this: InspectorInfo
112            name = "semantics"
113            this.properties["mergeDescendants"] = mergeDescendants
114            this.properties["properties"] = properties
115        }
116    ) {    this: Modifier
117        val id = remember { SemanticsModifierCore.generateSemanticsId() }
118        SemanticsModifierCore(id, mergeDescendants, clearAndSetSemantics = false, properties)
119    }
```

그림 10.7: semantics { } 변경자의 소스코드

semantics { }는 두 가지 매개변수인 inspectorInfo와 factory(구성될 변경자)를 전달받는 composed { } 변경자를 호출한다. inspectorInfo 매개변수는 debugInspectgorInfo { } 팩토리 메서드의 결괏값을 얻는다(이 메서드는 name 인스턴스와 properties에 대한 두 가지 요소를 매개변수로 전달받는다).

composed { }는 ComposedModifier 클래스를 변경자 체인에 추가한다. 이 비공개

클래스는 Modifier.Element 인터페이스를 구현하고 InspectorValueInfo 를 확장하는데, 결국에는 InspectorValueInfo를 구현하게 된다. inspectableElements 프로퍼티는 ValueElements의 Sequence를 유지한다.

디버그 인스펙터 정보를 켜려면 androidx.compose.ui.platform 패키지에 있는 isDubugInspectorInfoEnabled 전역 최상위 변수 값을 true로 설정해야 한다. 그러면 리플렉션을 사용해 디버그 인스펙터 정보에 접근하거나 출력할 수 있다. 필요한 코드는 다음과 같다.

```
semantics { backgroundColor = color }.also {
  (it as CombinedModifier).run {
    val inner = this.javaClass.getDeclaredField("inner")
    inner.isAccessible = true
    val value = inner.get(this) as InspectorValueInfo
    value.inspectableElements.forEach {
      println(it)
    }
  }
}
```

semantics { }에서 반환된 변경자는 CombinedModifier 타입이 되는데, composed { }가 호출하는 then() 내부에서 CombinedModifier를 사용하기 때문이다. 그저 감시할 수 있는 요소의 원시 값을 출력하는 대신 필요한 출력물을 커스터마이징할 수도 있다.

⁞⁞· 요약

10장에서는 테스트와 관련된 중요한 용어와 기술을 살펴봤다. 첫 번째 절에서는 기반 환경을 구축하고, 개발 머신에서 간단한 유닛 테스트를 작성하고, 로컬로 실행

해 봤으며 그런 다음 컴포즈에 특화된 내용으로 넘어갔다. 이 절에서는 create
ComposeRule()과 createAndroidComposeRule()을 소개했다.

다음으로 컴포즈 계층 구조에서 컴포저블 함수를 어떻게 찾아내는지 살펴보고 앱을
접근성 있게 만드는 것이 더 좋은 테스트를 작성하는 데 도움이 되는 이유도 살펴봤
다. 또한 이 절에서 액션과 단언문도 살펴봤다. 마지막으로 시맨틱 트리에 커스텀
항목을 추가했다.

마지막 절에서는 컴포즈 앱을 디버깅하는 방법을 설명했다. 시맨틱 트리로 돌아간
다음 커스텀 변경자를 디버깅하고자 InspectorInfo와 InspectorValueInfo를 활
용하는 방법을 알아봤다.

11장에서는 이 책을 마무리한다. 여기서는 젯팩 컴포즈의 향후 버전에서 어떠한
내용이 추가되는지를 살펴보고자 수정 구슬을 들여다본다. 예를 들어 컴포즈 앱에
머티리얼 유 디자인 컨셉을 제공하는 컴포즈용 머티리얼 3을 미리 살펴본다. 그리
고 안드로이드를 넘어선 곳을 살펴보고 다른 플랫폼에서 컴포즈를 검토해본다.

⁙ 더 읽을거리

- 이 책은 안드로이드 앱을 테스트하는 방법을 기본적으로 이해하고 있다고 가정
  한다. 자세한 내용을 공부하고 싶다면 https://developer.android.com/training/
  testing에 있는 '안드로이드에서 앱 테스트하기'를 참고하기 바란다.

- 카탈린 투도세[Catalin Tudose]가 지은 『JUnit in Action, Third Edition』(Manning, 2020)에
  서는 JUnit 테스트 프레임워크의 최신 버전을 상세히 소개한다.

- 테스트 자동화를 좀 더 공부하고 싶다면 아르논 액슬로[Arnon Axelrod]가 쓴 『Complete
  Guide to Test Automation: Techniques, Practices, and Patterns for Building
  and Maintaining Eff ective Soft ware Projects』(Apress, 2018)를 보길 바란다.

- 테스트 피라미드 은유에 대한 통찰력을 얻고자 한다면 햄 보케^{Ham Vocke}가 쓴 "현실적인 테스트 피라미드(The Practical Test Pyramid)"를 참고하기 바란다. https://martinfowler.com/articles/practical-test-pyramid.html에서 내용을 확인할 수 있다.

11

결론과 다음 단계

책에서는 아름답고 빠르며 유지 보수 가능한 젯팩 컴포즈 앱을 작성하는 방법을 보여줬다. 1장부터 3장까지는 젯팩 컴포즈의 원리를 소개하고 중요한 인터페이스와 클래스 패키지뿐만 아니라 핵심 기법과 이론은 물론 컴포저블 함수도 설명했다. 4장부터 7장까지는 컴포즈 UI를 개발하는 데 집중했다. 여기서는 상태를 관리하는 방법과 서로 다른 화면을 이동하는 방법을 배웠다. 또한 `ViewModel`과 리포지터리 패턴도 알아봤다. 8장부터 10장까지는 애니메이션이나 상호 호환성, 테스트와 디버깅 같은 고급 주제를 다뤘다.

11장에서는 다음에 할 수 있는 것들을 다룬다. 여기서는 젯팩 컴포즈의 가까운 미래를 알아보고 인접한 플랫폼도 탐험한다. 인접한 플랫폼을 탐험하는 이유는 여러분의 컴포즈 관련 지식을 거기에도 적용할 수 있기 때문이다.

11장에서 다루는 내용은 다음과 같다.

- 미래 탐험

- 머티리얼 유^{Material You}로 이관

- 안드로이드를 넘어서

먼저 젯팩 컴포즈의 다음 버전인 1.1 버전을 알아보는 것부터 시작한다. 이 버전은 책이 출간된 시점에서는 아직 안정화 단계가 아니었다. 이 버전에서는 버그 수정과 성능 개선 그리고 드롭다운 메뉴를 노출하는 `ExposedDropdownMenuBox()` 및 `NavigationRail()`과 같은 새로운 기능들이 포함된다. 세로 형태의 내비게이션 바는 폴더블^{foldables}과 대형 화면을 갖는 디바이스를 고려했다.

두 번째 주요 내용인 '머티리얼 유로 이관' 절에서는 컴포즈를 위한 머티리얼 3를 소개한다. 이 패키지는 젯팩 컴포즈 앱을 위한 구글의 아름다운 디자인 언어의 최신 버전인 머티리얼 유를 포함한다. 여기서는 단순화된 타이포그래피와 컬러 스킴 같은 머티리얼 2와 머티리얼 3 사이에 존재하는 몇 가지 차이점을 살펴본다.

'안드로이드를 넘어서' 절에서는 데스크탑 및 웹과 같은 다른 플랫폼에 젯팩 컴포즈 지식을 사용하는 방법을 알아본다. 여기서는 샘플 컴포저블 함수 중 하나를 데스크 탑으로 옮기는 방법을 간략히 설명한다.

⁞⁞ 기술 요구 사항

11장은 `ExposedDropdownMenuBoxDemo`와 `NavigationRailDemo` 샘플을 기반으로 한 다. 안드로이드 스튜디오를 설치하고 설정하는 방법뿐만 아니라 책에 동반된 리포지터리를 다운로드하는 방법은 1장의 '기술 요구 사항' 절을 참고하기 바란다.

11장의 모든 코드 파일은 깃허브 https://github.com/PacktPublishing/Android-UI-Development-with-Jetpack-Compose/tree/main/chapter_11에서 확인할 수 있다.

⁝⁝⁝⸱ 미래 탐험

이 책은 2021년 7월에 출시된 라이브러리의 첫 번째 안정화 버전인 젯팩 컴포즈 1.0을 기반으로 한다.[1] 다른 모든 젯팩 컴포넌트와 마찬가지로 구글은 지속적으로 컴포즈를 개선하고 업데이트하고 있다. 원고를 마무리하는 시점에서 1.1 버전은 베타 단계다.[2] 이 버전이 안정화 단계가 되면 변경 사항을 반영하고자 책에 동반된 리포지터리를 업데이트할 것이다. 이 책 샘플 코드의 최신 버전은 https://github.com/PacktPublishing/Android-UI-Development-with-Jetpack-Compose에서 확인할 수 있다.

젯팩 컴포즈 1.1은 버그 수정과 새로운 기능 그리고 성능 향상을 제공할 것이다. 새로운 기능에는 다음 내용이 포함된다.

- 컴포즈 컴파일러는 이전 버전의 컴포즈 런타임을 지원한다. 이로 인해 여전히 이전 버전의 컴포즈를 타깃팅하고 있더라도 최신 툴을 사용할 수 있게 된다.

- 터치 타깃 사이징(UI 요소는 접근성을 높이고자 추가 공간을 갖게 된다)

- ImageVector 캐싱

- 안드로이드 12의 스트레치 오버스크롤 지원

이전에 실험적인 여러 API(AnimtedVisibility, EnterTransition, ExitTransition 등)가 안정화 버전이 될 것이다. 게다가 젯팩 컴포즈 1.1은 코틀린 최신 버전을 지원한다. 또한 안타깝게도 호환성을 깨뜨리는 큰 변경 사항과 마주하게 될 것이다. 예를 들어 EnterTransition과 ExitTransition 팩토리에 있는 람다식은 매개변수 목록의 마지막으로 위치가 이동될 수 있다.

---

1. 이 한국어판은 1.2.1을 기반으로 예제를 수정하고 검수했다. – 옮긴이
2. 1.2.1로 업데이트한 시점에서도 본문에서 언급한 내용은 여전히 @ExperimentalMaterialApi로 처리되고 있기 때문에 내용을 이해하는 데 어려움이 없을 것이다. – 옮긴이

노출된 드롭다운 메뉴 나타내기

새로운 머티리얼 UI 요소들도 있다. 예를 들어 ExposedDropdownMenuBox()는 노출된 드롭다운 메뉴를 보여주는데, 이 메뉴는 옵션 목록 위에 현재 선택한 메뉴 아이템을 나타낸다. ExposedDropdownMenuBoxDemo 샘플에서는 해당 컴포저블 함수의 사용법을 보여준다(그림 11.1).

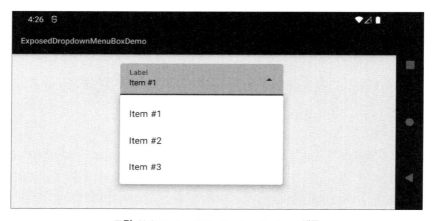

그림 11.1: ExposedDropdownMenuBoxDemo 샘플

현재 ExposedDropdownMenuBox()는 실험experimental 중인 API로 돼 있기 때문에 반드시 @ExperimentalMaterialApi 어노테이션을 추가해야만 한다.[3]

```
@ExperimentalMaterialApi
@Composable
fun ExposedDropdownMenuBoxDemo() {
  val titles = List(3) { i ->
    stringResource(id = R.string.item, i + 1)
  }
  var expanded by remember { mutableStateOf(false) }
  var selectedTxt by remember { mutableStateOf(titles[0]) }
```

---

3. 1.2 버전에서도 @ExperimentalMaterialApi가 필요하다. — 옮긴이

```
Box(
    modifier = Modifier
        .fillMaxSize()
        .padding(16.dp),
    contentAlignment = Alignment.TopCenter
) {
...
    }
}
```

ExposedDropdownMenuBoxDemo()는 ExposedDropdownMenuBox()를 Box() 내부와 상단을 기준으로 수평 가운데에 위치시킨다. 메뉴 아이템은 목록(titles)에 저장된다. expaned 상태는 메뉴 아이템의 노출 여부를 나타낸다. selectedTxt는 현재 선택된 텍스트를 나타낸다. 다음은 이 함수들이 어떻게 사용되는지를 보여준다.

```
ExposedDropdownMenuBox(expanded = expanded,
    onExpandedChange = {
        expanded = !expanded
    }) {
    TextField(value = selectedTxt,
        onValueChange = { },
        readOnly = true,
        label = {
            Text(text = stringResource(id = R.string.label))
        },
        trailingIcon = {
            ExposedDropdownMenuDefaults.TrailingIcon(
                expanded = expanded
            )
        }
    )
    ExposedDropdownMenu(expanded = expanded,
```

```
        onDismissRequest = {
      expanded = false
    }) {
      for (title in titles) {
        DropdownMenuItem(onClick = {
          expanded = false
          selectedTxt = title
        }) {
          Text(text = title)
        }
      }
    }
  }
}
```

ExposedDropdownMenuBox()는 두 개의 자식을 갖는데, 바로 읽기 전용 TextField()
와 ExposedDropdownMenu()다. 텍스트 필드는 selectedTxt를 출력한다. readOnly
가 true로 설정돼 있기 때문에 onValueChange 블록이 비어 있을 수 있다. expanded
는 메뉴 아이템의 노출 여부를 나타내는 후행^{trailing}에 위치한 아이콘을 제어한다.
ExposedDropdownMenuBox()로 전달된 onExpandedChange 람다 표현식은 사용자가
노출된 드롭다운 메뉴를 클릭했을 때 실행된다. 일반적으로는 여기서 expanded를
무효화시킬 것이다.

ExposedDropdownMenu()는 자신의 콘텐츠로 적어도 한 개 이상의 DropdownMenuItem()
을 갖는다. 일반적으로는 메뉴를 숨기고(expanded = false) 텍스트 필드를 업데이트하고
싶을 것이다(selectedTxt = title). ExposedDropdownMenu()에 전달된 onDismissRequest
블록도 메뉴를 닫긴 하지만 텍스트 필드를 업데이트하진 않는다.

따라서 ExposedDropdownMenuBox()는 아이템의 선택지를 보여주고 사용자가 이를
선택하게 하는 매우 간결한 방식을 제공한다. 다음 절에서는 컴포즈 1.1에 등장하는
또 다른 머티리얼 UI 요소인 NavigationRail()을 소개한다. NavigationRail()은
최상위 내비게이션 목적지를 수직으로 나타낸다.

NavigationRail() 사용

컴포즈는 앱에서 최상위 목적지로 이동하는 몇 가지 방법을 제공한다. 예를 들어 BottomNavigation()을 사용하면 화면 하단에 내비게이션 바를 위치시킬 수 있다. 6장의 '내비게이션 추가' 절에서 이를 사용하는 방법을 알아봤다. 젯팩 컴포즈 1.1은 최상위 내비게이션을 위한 또 다른 UI 요소를 포함한다. NavigationRail()은 내비게이션 레일 상호작용 패턴을 구현하는데, 이 수직 내비게이션 바는 특히 태블릿이나 폴더블 화면을 펼쳤을 때와 같이 큰 화면을 위한 것이다.

화면이 충분히 크지 않거나 폴더블 화면을 닫은 경우에는 수직으로 나타나는 대신 표준 하단 내비게이션 바가 표시된다. NavigationRailDemo 샘플에서는 이를 어떻게 구현하는지 보여준다. 그림 11.2에서는 세로 모드의 앱 화면을 확인할 수 있다.

그림 11.2: 세로 모드의 NavigationRailDemo 샘플

계속해서 하려면 젯팩 WindowManager 라이브러리를 사용하는 등의 자세한 접근 방법이 필요하지만 이 책의 범위를 벗어난다. 대신 단순화한 NavigationRailDemo()를 사용할 것이다. 이 함수는 화면의 현재 너비와 최소 크기(600밀도 독립 픽셀)를 단순히

비교해 내비게이션 레일의 사용 여부를 결정한다.

```
@Composable
fun NavigationRailDemo() {
    val showNavigationRail = LocalConfiguration.current.screenWidthDp >= 600
    val index = rememberSaveable { mutableStateOf(0) }
    Scaffold(topBar = {
        TopAppBar(title = {
            Text(text = stringResource(id = R.string.app_name))
        })
    },
    bottomBar = {
        if (!showNavigationRail)
            BottomBar(index)
    }) {
        Content(showNavigationRail, index)
    }
}
```

Scaffold()는 bottomBar 람다 표현식을 통해 하단 바를 전달받는다. 내비게이션 레일을 노출하지 말아야 하는 경우에는(showNavigationRail 값이 false인 경우) BottomBar() 컴포저블이 호출된다. 노출돼야 하는 경우에는 하단 바가 추가되지 않는다. 현재 활성화된 화면은 변경 가능한 Int 상태에 저장된다(index). 이 상태 값은 BottomBar()와 Content()에 전달된다. 다음으로 BottomBar() 컴포저블을 살펴봄으로써, Bottom Navigation()이 어떻게 동작하는지 간략히 되짚어보자.

```
@Composable
fun BottomBar(index: MutableState<Int>) {
    BottomNavigation {
        for (i in 0..2)
            BottomNavigationItem(selected = i == index.value,
```

```
                onClick = { index.value = i },
                icon = {
                    Icon(
                        painter = painterResource(id =
                            R.drawable.ic_baseline_android_24),
                        contentDescription = null
                    )
                },
                label = {
                    MyText(index = i)
                }
            )
        }
    }
```

BottomNavigation()의 콘텐츠는 아이콘, 레이블, onClick 블록을 포함하는 여러 BottomNavigationItem()으로 이뤄진다. 위 구현체에서는 그저 index 상태를 갱신하는데, 이 값은 Content() 내부에서도 사용된다. 이 컴포저블은 텍스트가 중앙에 정렬된 박스를 갖는 메인 콘텐츠(스크린)를 출력하며, 필요에 따라 내비게이션 레일을 보여준다.

```
@Composable
fun Content(showNavigationRail: Boolean, index: MutableState<Int>) {
    Row(
        modifier = Modifier.fillMaxSize()
    ) {
    if (showNavigationRail) {
        NavigationRail {
            for (i in 0..2)
                NavigationRailItem(selected = i == index.value,
                    onClick = {
                        index.value = i
```

```
          },
          icon = {
            Icon(
              painter = painterResource(id =
                R.drawable.ic_baseline_android_24),
              contentDescription = null
            )
          },
          label = {
            MyText(index = i)
          })
      }
    }
    Box(
      modifier = Modifier
        .fillMaxSize()
        .background(color = MaterialTheme.colors.surface),
      contentAlignment = Alignment.Center
    ) {
      MyText(
        index = index.value,
        style = MaterialTheme.typography.h3
      )
    }
  }
}
}
```

내비게이션 레일과 화면은 Row()에 수평으로 정렬돼 있다. BottomNavigation()과
마찬가지로 NavigationRail()은 내비게이션 목적지를 나타내는 하나 이상의 요소
를 갖는다. 자식 요소(NavigationRailItem())는 레이블, 아이콘, onClick 블록을 갖는다.
그림 11.3에서는 가로 모드의 NavigationRailDemo를 보여준다.

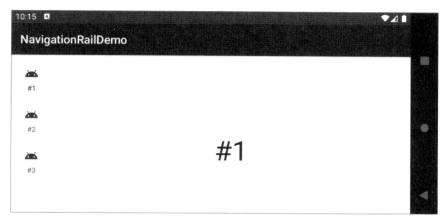

그림 11.3: 가로 모드의 NavigationRailDemo 샘플

젯팩 컴포즈 1.1은 몇 가지 머티리얼 UI 요소가 추가되고 기존 요소들을 개선했지만 여전히 안드로이드 11(때로는 이를 머티리얼 2라고도 칭함)을 포함한 이전 안드로이드 버전의 머티리얼 디자인을 구현한다. 안드로이드 12에 새로 추가된 머티리얼 유 역시 컴포저블에서도 사용할 수 있다. 그렇지만 이는 기존 패키지의 인플레이스In-place 업데이트가 아닌 새로운 라이브러리로 제공된다. 다음 절에서는 11장을 집필하는 시점을 기준으로 얼리 알파early alpha 단계인 젯팩 컴포즈를 위한 머티리얼 3를 살펴본다.

> **참고**
>
> 머티리얼 유와 머티리얼 3 사이에 어떠한 차이점이 있는지 궁금할 것이다. 필자는 머티리얼 3를 최신 버전의 머티리얼 디자인 사양이라 칭하는 반면 머티리얼 유는 안드로이드 12에 구현된 것이라 칭한다.

머티리얼 유로 이관

머티리얼 유Material You는 구글의 디자인 언어인 머티리얼 디자인의 최신 버전이다. 머티리얼 유는 구글 I/O 2021에서 처음 소개됐고 안드로이드 12가 구동되는 픽셀

스마트폰에서 처음 사용할 수 있게 됐다. 종국에는 다른 디바이스나 폼 팩터와 프레임워크까지 퍼져나갈 것이다. 전작과 마찬가지로 머티리얼 유는 타이포그라피와 애니메이션 및 레이어를 기반으로 하는 반면 개인화를 강조한다. 플랫폼에 따라 머티리얼 유 구현체는 시스템 배경 화면에서 파생된 컬러 팔레트를 사용할 수도 있다.

컴포즈에서 머티리얼 2와 머티리얼 3 간의 차이점

컴포즈 앱에서 머티리얼 유를 사용하려면 모듈 단계의 build.gradle 파일의 androidx.compose.material3:material3에 의존성을 추가해야만 한다. 컴포저블과 클래스 및 인터페이스를 위한 기본 패키지가 androidx.compose.material3로 변경됐다. 기존 컴포즈 앱을 새로운 버전으로 마이그레이션하고자 할 경우 적어도 임포트문을 변경해야만 한다. 안타깝게도 여러 컴포저블 함수의 이름 역시 변경될 것이다. 이러한 차이점에 대한 아이디어를 얻고자 머티리얼 유를 위한 NavigationRailDemo를 재구현했다. 이 프로젝트의 이름은 NavigationRailDemo_Material3다. 이러한 방식을 사용하면 중요한 파일을 비교함으로써 변경 사항을 손쉽게 확인할 수 있다.

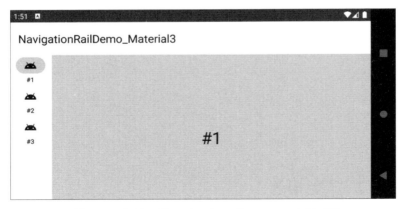

그림 11.4: 가로 모드의 NavigationRailDemo_Material3 샘플

특히 `TopAppBar()`는 `SmallTopAppBar()`나 더 큰 형태인 `MediumTopAppBar()`와 `LargeTopAppBar()`로 변경돼야 한다. 다른 변경 사항은 다음과 같다.

- `BottomNavigation()`은 `NavigationBar()`로 일반화된다.

- `BottomNavigationItem()`은 이제 `NavigationBarItem()`으로 불린다.

- `NavigationRailItem()`은 변경 사항 없이 유지된다.

마지막 항목이 흥미로운데, `NavigationRailItem()` 요소는 `NavigationBarItem()`과 매우 흡사하기 때문에 미래에는 이 두 요소가 일반화되진 않을지 궁금하기도 하다.

UI 요소의 시각적 표현을 제어하는 일부 프로퍼티에는 상당한 변화가 있을 것이다. 예를 들어 머티리얼 색상은 이전 `MaterialTheme.colors` 대신 `MaterialTheme.colorScheme`에 포함된다. 머티리얼 3에서 색상에 대한 자세한 정보는 공식 문서인 https://m3.material.io/styles/color/dynamic-color/overview에서 확인하자.

타이포그래피 클래스들의 요소들이 단순화될 것이기 때문에 스타일을 갖는 텍스트도 약간의 조정이 필요할 수 있다. 예를 들어 h1, h2, h3와 같은 것들을 사용하는 대신 `headlineLarge`, `headlineMedium`, `headlineSmall`을 사용하게 될 것이다.

이것으로 머티리얼 3와 조만간 출시될 젯팩 컴포즈와 관련된 변경 사항을 간략히 살펴보는 것을 마무리한다. 웹과 데스크탑을 위한 컴포즈 앱을 작성할 수 있다는 것을 알고 있는가? 다음 절에서 관련 내용을 알아보자.

안드로이드를 넘어서

젯팩 컴포즈는 안드로이드의 새로운 UI 툴킷이긴 하지만 근본적인 개념과 이론은 다른 플랫폼에서도 매력적으로 다가온다. 왜 그런지 다음의 경우를 살펴보자.

1. 선언적 접근 방식은 웹에서 처음 구현됐다.

2. 애플의 선언적 UI 프레임워크 구현체인 스위프트 UI는 아이폰, 아이패드, 워치, 맥OS 기기에서 잘 동작한다.

3. 젯팩 컴포즈 UI 요소는 다른 플랫폼, 디바이스 카테고리, 폼 팩터를 위해 설계된 머티리얼 디자인을 사용한다.

가장 중요한 것은 상태 및 컴포저블 함수와 같은 핵심 개념이 안드로이드에만 국한된 것이 아니라는 점이다. 따라서 누군가 툴체인을 제공한다면(예를 들면 코틀린 컴파일러와 컴포즈 컴파일러) 그래픽을 표현할 수 있는 플랫폼일 경우 컴포즈 앱을 실행시킬 수 있을 지도 모른다. 확실한 건 해야 할 일이 아주 많다는 것이다.

예를 들어 컴포즈 UI는 어딘가에 호스트돼야만 한다. 안드로이드에서는 여기에 액티비티가 사용된다. 웹에서는 브라우저 윈도우가 이에 해당될 것이다. 그리고 데스크탑에서는 UI 툴킷에서 제공하는 윈도우가 이에 해당될 것이다. 다른 기능들은(예를 들어 네트워크와 파일 I/O, 연동, 메모리 관리, 스레드) 다른 라이브러리나 프레임워크에서 처리해야만 한다.

코틀린^{Kotlin}과 인텔리제이^{IntelliJ}를 개발한 젯브레인스^{JetBrains}는 이러한 문제를 해결해 보기로 했다. 회사는 최근 몇 년간 다양한 플랫폼을 대상으로 하고 플랫폼 간 코드를 공유하는 데 많은 경험을 쌓았다. 예를 들어 코틀린 멀티플랫폼 모바일^{Kotlin Multiplatform Mobile}을 사용하면 iOS와 안드로이드 앱의 비즈니스 로직에 단일 코드 베이스를 사용할 수 있다. 컴포즈 멀티플랫폼^{Compose Multiplatform}은 데스크탑과 웹의 UI 개발을 단순화하고 빠르게 개발하며, 이들 플랫폼과 안드로이드 간 UI 코드를 공유하는 것을 목표로 한다.

다음 절에서는 인텔리제이 IDE를 사용해 데스크탑 애플리케이션을 위한 간단한 컴포즈를 작성하는 방법을 간략히 보여준다.

샘플 프로젝트 설정

데스크탑 프로젝트를 위한 컴포즈를 작성하는 가장 쉬운 방법은 인텔리제이 IDE의 프로젝트 마법사를 사용하는 것이다. 이 기능은 인텔리제이 IDEA 커뮤니티 에디션 또는 울티메이트 에디션 2020.3 또는 그 이상의 버전이 필요하다. 인텔리제이 설정은 이 책의 영역을 벗어나며 여기서는 자세히 다루지 않는다. 그림 11.5는 프로젝트 마법사 다이얼로그에 어떻게 기입해야 하는지를 보여준다.

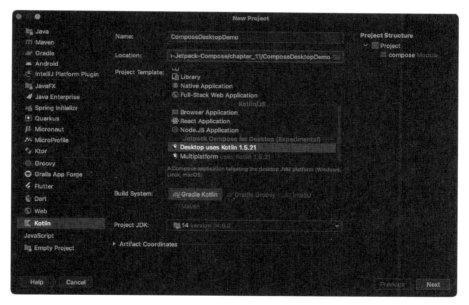

그림 11.5: 인텔리제이 프로젝트 마법사

젯브레인스는 깃허브 https://github.com/JetBrains/compose-jb/blob/master/tutorials/Getting_Started/README.md에서 '컴포즈 멀티플랫폼 시작하기' 튜토리얼을 운용한다. 추가적인 정보는 이 사이트를 참고하기 바란다.

프로젝트 마법사는 src/main/kotlin에 간단한 Main.kt 파일을 추가한다. Tasks ▶ compose desktop ▶ run을 더블클릭해 그래들^{Gradle} 툴 윈도우에서 이 파일을 실행해 볼 수 있다(그림 11.6).

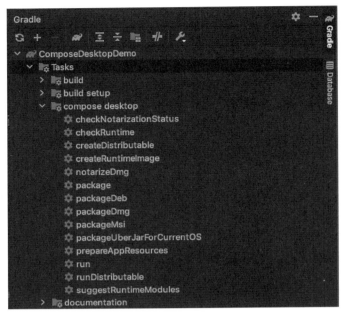

그림 11.6: 인텔리제이 그래들 툴 윈도우

소스코드는 App()이라 불리는 컴포저블로 이뤄져있다. 이 함수는 main() 함수에서 호출된다. App()의 내부를 샘플 중 하나로 변경해보자. 여기서는 8장의 State ChageDemo()를 적용해본다.

```
@Composable
@Preview
fun App() {
  var toggled by remember {
    mutableStateOf(false)
  }
  val color = if (toggled)
    Color.White
  else
    Color.Red
  Column(
```

```
        modifier = Modifier
            .fillMaxSize()
            .padding(16.dp),
        horizontalAlignment = Alignment.CenterHorizontally
    ) {
        Button(onClick = {
            toggled = !toggled
        }) {
            Text(text = "Toggle")
        }
        Box(
            modifier = Modifier
                .padding(top = 32.dp)
                .background(color = color)
                .size(128.dp)
        )
    }
}
```

위 코드에서 한 줄만 변경했다는 것을 발견했는가? 원본에서는 **stringResource()** 컴포저블을 사용한다. 그러나 안드로이드 리소스는 데스크탑에서 사용할 수 없으므로 해당 호출은 다르게 변경해야만 한다. 간단한 대안은 텍스트를 하드 코딩하는 것이다. 실제 애플리케이션에서는 여러 언어를 지원하는 메커니즘을 선택하기 바랄 것이다. 데스크탑 컴포즈는 자바 가상 머신을 기반으로 하므로 자바의 국제화^{internationalization} 지원 기능을 사용할 수 있다.

맥OS에서 앱을 실행한 모습은 그림 11.7과 같다

그림 11.7: 간단한 데스크탑 컴포즈 앱

데스크탑 컴포즈와 컴포즈 멀티플랫폼을 간략히 살펴보는 것은 이것으로 마무리한다. 더욱 자세히 알고 싶다면 제품 페이지인 https://www.jetbrains.com/ko-kr/lp/compose-mpp/를 방문하자.

결론

11장에서는 젯팩 컴포즈의 가까운 미래를 살펴보고 주변 플랫폼도 간략히 살펴봤다. 젯팩 컴포즈 1.1은 버그 수정과 성능 향상, `ExposedDropdownMenuBox()` 및 `NavigationRail()` 같은 새로운 기능을 제공한다. 두 가지 샘플(`ExposedDropdownMenuBoxDemo`와 `NavigationRailDemo`)에서 이를 사용하는 방법을 보여줬다.

두 번째 주요 내용인 '머티리얼 유로 이관' 절에서는 컴포즈를 위한 머티리얼 3를 소개했다. 이 패키지는 구글의 아름다운 디자인 언어의 최신 버전인 머티리얼 유를 젯팩 컴포즈 앱에 제공한다. 그리고 단순화된 타이포그래피 및 컬러 스킴과 같이 머티리얼 2와 머티리얼 3 사이의 몇 가지 차이점도 살펴봤다.

'안드로이드를 넘어서' 절에서는 젯팩 컴포즈 지식을 다른 플랫폼에 사용하는 방법을 보여줬다. 여기서는 샘플 컴포저블 함수 중 하나를 데스크탑에 제공하는 방법을 설명했다.

이 책을 즐겁게 읽었기를 진심으로 바란다. 이제 여러분은 젯팩 컴포즈의 핵심 이론뿐만 아니라 젯팩 컴포즈가 전통적인 안드로이드 뷰 시스템에 대비해서 갖는 중요한 장점도 완벽히 알게 됐다. 선언적 접근 방식을 사용하면 그 어느 때보다도 손쉽게 멋진 앱을 작성할 수 있다. 어떤 멋진 아이디어가 코드로 작성될지 벌써부터 기대된다.

| 찾아보기 |

젯팩 컴포즈로 개발하는 안드로이드 UI

발 행 | 2023년 1월 3일

옮긴이 | 강 경 구
지은이 | 토마스 쿠네스

펴낸이 | 권 성 준
편집장 | 황 영 주
편 집 | 김 진 아
　　　　임 지 원
디자인 | 윤 서 빈

에이콘출판주식회사
서울특별시 양천구 국회대로 287 (목동)
전화 02-2653-7600, 팩스 02-2653-0433
www.acornpub.co.kr / editor@acornpub.co.kr